HipHop XXL

Fette Reime und Fette Beats **in Deutschland**

HIP HO

HipHop XXL

Fette Reime und Fette Beats **in Deutschland**

designed by KM7

Hrsg. Heide Buhmann, Hanspeter Haeseler

Fotos und Illustrationen: Mika Väisänen, Christian Bitenc, Achim Deterding, u.a.

Beats und Flows: Friedrich Neumann

Essays: Sascha Verlan, Ralf Niemczyk

ROCKBUCH Verlag Buhmann & Haeseler

3

4

Inhalt:

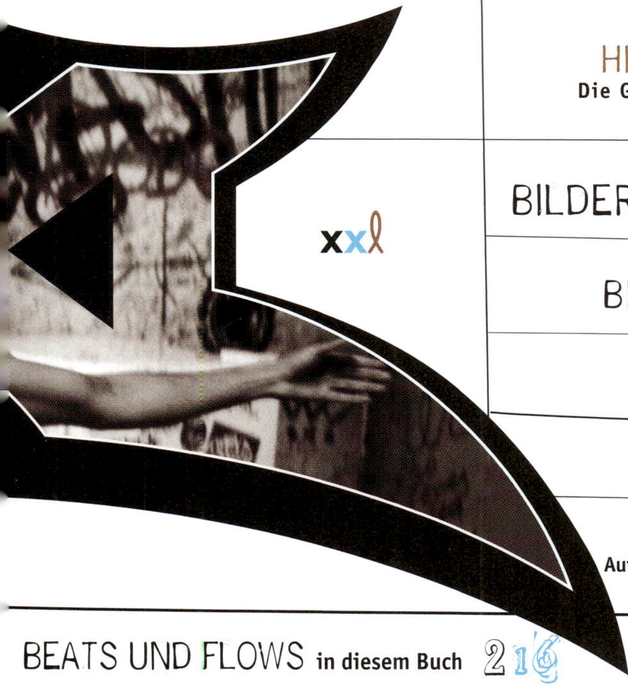

xxl

hIP

HOP

6

Just start to *chase your* **dreams**
Up out your seats, make your body sway
Socialize, *get down, let your soul lead the way*
Shake it now, go ladies, it's a livin' dream
Love Life Live
Come play the game, our world is free
Do what you want **but scream**

PLANET ROCK,
Afrika Bambaataa

GRANDMASTER FLASH

THE MESSAGE.

THE PLACE THAT YOU PLAY AND WHERE YOU STAY

LOOKS LIKE ONE GREAT BIG ALLEYWAY

YOU'LL ADMIRE ALL THE NUMBER BOOK TAKERS

THUGS PIMPS AND PUSHERS AND THE BIG MONEY MAKERS

DRIVING BIG CARS / SPENDING 20s AND 10s

AND YOU WANT TO GROW UP TO BE JUST LIKE THEM

HIP STORY

Die Geschichte des RAP

»Alles fing mit den Banden und der Gewalt an. Die Rapper erzählten, wie gut sie sind und wie sie sich an Mädchen ranmachen. Erst „The Message" von **Grandmaster Flash** brachte den Rap in die Realität zurück. Die nächste Stufe waren dann **Run DMC** und ihr Hardcore Beat, ihr Scratchen und ihre normale Kleidung. Sie haben auch den Heavy Metal in den Rap eingebracht. Dann haben die Rapper angefangen von sich selbst zu sprechen. „It's Like That" und „Sucker MCs" von Run DMC waren sehr wichtig, weil sie es auf Vinyl gebracht haben. „The Show" von **Doug E. Fresh** kam sehr früh, sie war der Beginn des Sampling. **Public Enemy** führten uns wieder zurück zur Message. Die kalifornischen Musiker haben wieder den Egozentrismus gepflegt und die Bandengeschichten mit **N.W.A.** und **Ice T.** Gruppen wie die **Jungle Brothers** oder **Public Enemy** haben den Leuten ein religiöses Bewusstsein vermittelt ... «
Afrika Bambaataa

Die Anfänge bis 1979

Angefangen hatte alles in der New Yorker Bronx, irgendwann in den frühen 70er Jahren, mit den Block Parties eines **KOOL DJ HERC, GRANDMASTER FLASH** oder **AFRIKA BAMBAATAA**, mit den ersten Raps der **FURIOUS FIVE** oder der **SOUL SONIC FORCE**, mit den ersten Tags von **TAKI 183** und den spektakulären Moves der vielen ungenannten B-Boys. 1979 kam dann der erste Schock: **SYLVIA ROBINSON** veröffentlichte auf ihrem SUGARHILL-Label die erste Rap-Schallplatte, „Rapper's Delight" von der **SUGARHILL GANG**. Bis zu diesem Zeitpunkt hatte niemand aus der Szene daran gedacht, eine Schallplatte zu veröffentlichen. Rap war nur auf den Kassetten der DJs zu hören gewesen oder auf live-Mitschnitten (= Bootlegs) von den Block Parties. Und nun war es ausgerechnet eine Gruppe, die niemand kannte, die ihre Reime und Styles von den **FURIOUS FIVE** und anderen geklaut (= gebitet) hatte und mit Rap die ersten finanziellen Erfolge feierte. Und dennoch: „Rapper's Delight" verkaufte sich über 2 Millionen mal und weckte bei der Plattenindustrie das Interesse für die neue Musik. So konnten in der Folgezeit auch viele der authentischen Gruppen aus der Bronx (= Old School) ihre ersten Platten veröffentlichen.

12

Old School 1979-1984

Die erste, auch stilistisch abgrenzbare Phase in der Geschichte der Rap-Musik wird als Old School bezeichnet. Ihre wichtigsten Vertreter sind zugleich diejenigen, die die Ausdrucksformen von Rap und HipHop geschaffen und entwickelt haben: **KOOL DJ HERC, GRANDMASTER FLASH & THE FURIOUS FIVE, AFRIKA BAMBAATAA, JAZZY FIVE, SOUL SONIC FORCE, THE TREACHEROUS THREE, SPOONIE G., KURTIS BLOW, GRANDMIXER DST, COLD CRUSH BROTHERS, FAB FIVE FREDDY, GRANDMASTER CAZ, BEASY BEE, KOOL MOE D., DJ RED ALERT, JAZZY JEFF, LIL RODNEY CEE, SHA ROCK, FANTASTIC FREAKS,** um nur die wichtigsten zu nennen. Die Musik der Old School ist auf zahlreichen Samplern in den letzten Jahren wieder aufgelegt worden. 1983/84 geriet HipHop in eine stilistische Krise, viele der in dieser Zeit veröffentlichten Stücke waren sehr ähnlich, da sie alle mit den in ihrer Variationsbreite eingeschränkten Rhythmusmaschinen (= Beatbox) arbeiteten. Die Verkaufszahlen sanken und es sah eine Zeit lang so aus, als sei Rap auch nur ein Modegag gewesen, wie so vieles davor und danach wieder.

New School ab 1984/85

Anfang der 80er Jahre kamen die ersten bezahlbaren digitalen Sampler auf den Markt. Nun war es möglich, die Visionen der ersten DJs auch im Tonstudio bei der Plattenproduktion umzusetzen.
Der Sampler entspricht in seiner Funktionsweise einem DJ, der einzelne Sequenzen isoliert und aneinanderreiht, nur dass mit dem Sampler sehr viel mehr und sehr viel kürzere Samples geloopt werden konnten.
Jetzt war es möglich, auf die synthetischen Beats zu verzichten und komplexe Drum Loops, etwa von alten Funk Platten zu samplen. Rap Musik klang dadurch echter, natürlicher und wurde musikalisch komplexer.
Mit den Erfolgen von RUN DMC, gerade auch bei weißen Jugendlichen, und dem legendären HipHop Label **DEF JAM** beginnt die eigentliche Erfolgsstory von Rap: **RUN DMC, Public Enemy, KRS ONE, ERIC B. & RAKIM, BEASTIE BOYS, THIRD BASS, EPMD, LL COOL J.,** Rap-Musik erlangte eine stilistische Breite, die von „Fight for Your Right to Party“ der BEASTIE BOYS, über die apokalyptischen Soundtracks von Public Enemy bis hin zu LL COOL Js Liebesrap „I Need Love“ reichte. Die New School ist wie die Old School ein Phänomen der Ostküste, also hauptsächlich New York-geprägt.

West Coast ab 1980

Eine ganz andere Entwicklung nahm die Rap Musik an der Westküste der USA mit ihrem Zentrum in Los Angeles.
Die Geschichte von HipHop an der Westküste beginnt erst 1980, als die **SUGARHILL GANG** mit „Rapper's Delight“ Rap radiotauglich gemacht hatte und der neue Sprechgesang landesweit zu hören war. Der Westküsten-Rap gelangte vor allem durch diejenigen Texte in die Schlagzeilen (und auch die Charts), in denen in realistischer Weise das gewalttätige Leben in den Ghettos geschildert wurde.
Immer wieder wurde das Werk mit seinem Autor verwechselt. Wer über Gewalt redet, so die Annahme, ist selbst gewalttätig. Die Rapper taten ein Übriges, indem sie ihre angeblich kriminellen Vorgeschichten priesen.
Besonders bekannt wurde ein Song der Gruppe **N.W.A.**, „Fuck the Police“, der von den Medien als Hetze gegen Polizisten aufgefasst wurde. Wie immer wurde übersehen, welche Rolle die Medien selbst bei der Inszenierung von Gewalt im Rap gespielt hatten.
Der West Coast Rap ist vielfältiger, als dieses verzerrte Bild es zeigt: **ICE T, DR DRÉ, WARREN G., ICE CUBE, CYPRESS HILL, DIGITAL UNDERGROUND, N.W.A.** etc.

Die 90er – Native Tongues – WuTang – Fugees – Busta Rhymes

Ende der 80er Jahre fand die Gewalt-HipHop-Mode ihre Gegenbewegung in den sogenannten Native Tongues, also Gruppen wie **DE LA SOUL, A TRIBE CALLED QUEST, JUNGLE BROTHERS** oder **QUEEN LATIFAH**. Sie tragen weite, bunte Kleider (Afro Centricity) und treten ein für ein friedliches Zusammenleben, ohne Gewalt und Drogen.
Auf diese Weise findet die HipHop-Bewegung zu ihren Ursprüngen zurück. **DE LA SOUL** erreichen 1989 mit ihrem ersten Album „Three Feet High and Rising“ Platz 1 der amerikanischen Album-Charts. In den 90er Jahren wird HipHop endgültig zum bestimmenden Genre der Pop-Musik, ob **WU TANG CLAN, COOLIO, FUGEES, BUSTA RHYMES, BEASTIE BOYS, NAS,** ob VIVA WORD CUP oder YO! MTV RAPS, überall steht Rap an erster Stelle. Und dennoch, die fortschreitende Kommerzialisierung hemmt die Innovationsfreude und vieles klingt dann wieder allzu ähnlich ...

HIP STORY

Kool Dj Herc

14

RAP in Deutschland

Die Geschichte von HipHop in Deutschland begann, als die große Breakdance-Mode Mitte der 80er-Jahre wieder verschwunden war. Überall in Deutschland, in den Großstädten wie auf dem Land, blieben einige wenige übrig, für die HipHop mehr geworden war als nur Hobby an Wochenenden. Es dauerte einige Zeit, bis sich die verstreuten HipHopper bewusst wurden, dass es mehr von ihrer Sorte gibt, wenn auch nicht in ihrer Stadt. Doch dann begann ein intensiver Austausch. Wochenende für Wochenende traf man sich irgendwo in Deutschland, in Jugendhäusern oder irgendwelchen angemieteten Kellern: Jam!. Es ist die Zeit, die später verklärend als die Alte Schule bezeichnet werden sollte.

Die Anfänge 1982-1989

In diesen frühen Jahren gab es, abgesehen von den ersten HipHop-Filmen und eben den amerikanischen Rap-Platten, keinerlei Informationen über HipHop in Deutschland. Wie wird gescratcht, wie vermeidet man Schlieren beim Sprühen, wie funktioniert eine Windmill? **MARIUS NO.1** klebte Butterbrotpapier auf seinen Fernsehbildschirm, um die Graffiti Pieces aus „Wild Style" und „Style Wars" abpausen zu können. **KOLUTE** und **LSD** versuchten die verwendeten Originalplatten dadurch zu identifizieren, dass sie die Scratches auf den amerikanischen Platten in umgekehrter Richtung durchführten und die B-Boys versuchten mit Zeitlupe und Standbild die Breakdance Moves der amerikanischen Breaker zu entschlüsseln. Jede Technik mussten sich die HipHops dieser Tage selbst entwickeln und aneignen, und wenn die Ausstattung fehlte, dann wurde schon auch mal mit einem Tonband gescratcht. Doch bereits Ende der 80er Jahre kursierten diverse Demo-Tapes, die die Redakteure der SPEX für echt hielten, also für amerikanische Produktionen.

Alte Schule? – Neue Schule? ab 1990

Innerhalb der Szene wurde jedoch ein ganz anderer Konflikt ausgetragen: der zwischen alter und neuer Schule – die Begriffe dürfen nicht mit den amerikanischen Vorbildern Old und New School verwechselt werden! Die HipHopper der ersten Stunde feierten sich auf einem programmatischen Sampler als die alte Schule, als diejenigen, die HipHop in Deutschland erst möglich gemacht hatten – **LSD, CUS, NO REMORZE, ADVANCED CHEMISTRY, CORA E., STF, TEC ROC** u.a. Sie fühlten sich von der neuen Schule übergangen und in ihrer Rolle als Urväter des deutschen HipHop nicht anerkannt. Die neue Schule, so der Vorwurf, wolle nur Spaß haben und nehme HipHop nicht ernst. Die Vorwürfe richteten sich an eine neue Generation von Rappern, die sehr viel lockerer und selbstsicherer mit dem Genre spielte, wie **FETTES BROT** oder **DER TOBI UND DAS BO**.
Der Konflikt hat sich inzwischen als belanglos erwiesen, die musikalischen Unterschiede aber auch die Haltungen sind zu gering, als dass sich auf dieser Basis die Geschichte von HipHop in Deutschland unterteilen ließe.

Hamburg – Stuttgart?

Heute, so scheint es, sind Stuttgart und Hamburg die anerkannten, innovativen Zentren der deutschsprachigen HipHop-Szene, gruppiert um die Erfolgslabels **FOUR MUSIC** und **YO MAMA** mit Crews wie **FREUNDESKREIS, FÜNF STERNE DELUXE, FERRIS MC**. Doch HipHop in Deutschland lässt sich nicht geographisch festlegen, seien es die **RUHRPOTT AG** aus Witten/Herne, die **STIEBER TWINS** aus Heidelberg, **CURSE** aus Minden, **CREUTZFELD UND JAKOB** aus Witten, **TEFLA & JALEEL** aus Chemnitz ..., die in den vergangenen Jahren Neues brachten, und in Zukunft?

Rap auf Schallplatte

Anfang der 90er Jahre erschienen dann auch die ersten deutschsprachigen Raps auf Schallplatte. Spätestens mit dem Megaerfolg von „Die da" wurden die **FANTASTISCHEN VIER** zur SUGARHILL GANG der deutschen HipHop-Szene. Wieder, so schien es, hat eine Gruppe mit Rap finanziell Erfolg, die nicht aus dem Untergrund kommt und nichts zum Entstehen der Szene beigetragen hat. Und doch machten sie die Medien aufmerksam auf die neue Musikrichtung, die auch in deutscher Sprache funktionierte. Mit „Fremd im eigenen Land" von **ADVANCED CHEMISTRY** kam dann auch für die erste Untergrund-Band der große Erfolg. „Ich habe einen grünen Pass, mit 'nem goldenen Adler drauf – doch bin ich fremd hier" öffnete der Gruppe den Weg in viele politische Diskussionsrunden und gab der Debatte um Diskriminierung und Ausländerfeindlichkeit in Deutschland eine neue Richtung.

Sascha Verlan, „hiphop rap sprachkultur", http://www.pons.de

16

17

Fremd im eigenen Land

Advanced Chemistry

Musik & Text: Toni Landomini, Kofi Yakpo, Frederik Hahn

18

Fremd im eigenen Land

Advanced Chemistry

A

Ich habe einen grünen Pass mit 'nem goldnen Adler drauf
Dies bedingt, dass ich mir oft die Haare rauf
Jetzt mal ohne Spaß, Ärger hab ich zuhauf
obwohl ich langsam Auto fahre und niemals sauf

All das Gerede von europäischem Zusammenschluss
fahr ich zur Grenze mit dem Zug oder einem Bus
frag ich mich, warum ich der Einzige bin
der sich ausweisen muss, Identität beweisen muss
Ist es so ungewöhnlich
wenn ein Afro-Deutscher seine Sprache spricht
und nicht so blass ist im Gesicht?
Das Problem sind die Ideen im System:
Ein echter Deutscher muss so richtig deutsch aussehn
Blaue Augen, blondes Haar – keine Gefahr
gab's da nicht mal 'ne Zeit, wo's schon mal so war?
„Gehst du mal später zurück in deine Heimat?"
Wohin, nach Heidelberg, wo ich ein Heim hab?
„Nein, du weißt, was ich mein"
Komm lass es sein! Ich kenn diese Frage seitdem ich klein
bin in diesem Land vor zwei Jahrzehnten geborn
Doch frag ich mich manchmal, was hab ich hier verlorn?
Ignorantes Geschwätz – ohne End
dumme Sprüche, die man bereits alle kennt

„Ey, bist du Amerikaner oder kommst du aus Afrika?"
Noch ein Kommentar über mein Haar
was ist daran so sonderbar?
„Ach du bist Deutscher, komm erzähl keinen Scheiß"
Du willst den Beweis? Hier ist mein Ausweis
Gestatten Sie mein Name ist Frederik Hahn
Ich wurde hier geborn
aber wahrscheinlich sieht man's mir nicht an
Ich bin kein Ausländer, Aussiedler, Tourist, Immigrant
sondern deutscher Staatsbürger
und komme zufällig aus diesem Land
Wo ist das Problem? Jeder soll gehn wohin er mag
zum Skifahren in die Schweiz, als Tourist nach Prag
zum Studiern nach Wien, als Aupair nach Paris ziehn
denn andre wolln ihr Land gar nicht verlassen
doch sie müssen fliehn

Ausländerfeindlichkeit, Komplex der Minderwertigkeit
Ich will schockiern und provoziern
meine Brüder und Schwestern wieder neu motiviern
Ich hab schon 'nen Plan, und wenn es drauf ankommt
kämpfe ich Auge um Auge, Zahn um Zahn
Ich hoffe, die Radiosender lassen diese Platte spielen
denn ich bin kein Einzelfall sondern einer von vielen
Nicht anerkannt, fremd im eigenen Land
kein Ausländer und doch ein Fremder

(instrumental Refrain - Spiegel-TV-Sample)

Ich habe einen grünen Pass mit 'nem goldenen Adler drau
doch mit italienischer Abstammung motz ich hier auf
Somit nahm ich Spott in Kauf
in dem meinigen bisherigen Lebensablauf

B

Politiker und Medien berichten ob früh oder spät
von einer "überschrittenen Aufnahmekapazität"
Es wird einem erklärt, der Kopf wird einem verdreht
dass man durch Ausländer in eine Bedrohung gerät
Somit denkt der Bürger, der Vorurteile pflegt
dass für ihn eine große Gefahr entsteht
er sie verliert, sie ihm entgeht
seine ihm so wichtige deutsche Lebensqualität
Leider kommt selten jemand, der fragt
wie es um die schlecht bezahlte, unbeliebte Arbeit steht
Kaum einer ist da, der überlegt, auf das Wissen Wert legt
warum es diesem Land so gut geht
dass der Gastarbeiter seit den Fünfzigern unentwegt
zum Wirtschaftsaufbau, der sich blühend bewegt
mit Nutzen beitrug und noch beiträgt
mit einer schwachen Position in der Gesellschaft lebt
in Krisenzeiten die Sündenbockrolle belegt
Und das eigentliche Problem, das man übergeht
wird einfach unauffällig unter den Teppich gefegt:
Nicht anerkannt, fremd im eigenen Land
kein Ausländer und doch ein Fremder

(instrumental Refrain - Spiegel-TV-Sample)

A

Ich habe einen grünen Pass mit 'nem goldenen Adler dra
doch keiner fragt danach, wenn ich in die falsche Straße la
„Komm, dem hau'n wir's Maul auf!"
Gut, dass ich immer schnell war beim Hundertmeterlauf
Gewalt in Gestalt einer Faust, die geballt
oder 'nem blitzenden Messer, 'ner Waffe, die knallt

Viele werden behaupten, wir würden übertreiben
doch seit zwanzig Jahren leben wir hier
sind es leid zu schweigen
Pogrome entstehn, Polizei steht daneben
Ein deutscher Staatsbürger fürchtet um sein Leben
In der Fernsehsendung die Wiedervereinigung
Anfangs hab ich mich gefreut, doch schnell hab ich's bereu
denn noch nie seit ich denken kann, war's so schlimm, wie
Politikerköpfe reden viel, doch bleiben kalt und kühl
All dies passt genau in ihr Kalkül
man zeigt sich besorgt, begibt sich vor Ort
nimmt ein Kind auf den Schoß, für Presse ist schon gesorgt
Mit jedem Kamerablitz ein neuer Sitz im Bundestag
Dort erlässt man ein neues Gesetz
Klar, Asylbewerber müssen raus
und keiner macht den Faschos den Garaus!

Dies ist nicht meine Welt
in der nur die Hautfarbe und Herkunft zählt
der Wahn von Überfremdung politischen Wert erhält
mit Ignoranz jeder Hans oder Franz sein Urteil fällt
Krach macht und bellt, sich selbst für den Fachmann hält
Ich bin erzogen worden, die Dinge anders zu sehn
hinter Fassaden blicken, Zusammenhänge verstehn
mit Respekt, „en direct" zu jedem Menschen stehn
ethische Werte, die über nationale Grenzen gehn

Ich hab 'nen grünen Pass, mit 'nem goldenen Adler drauf
doch bin ich fremd hier

Flow

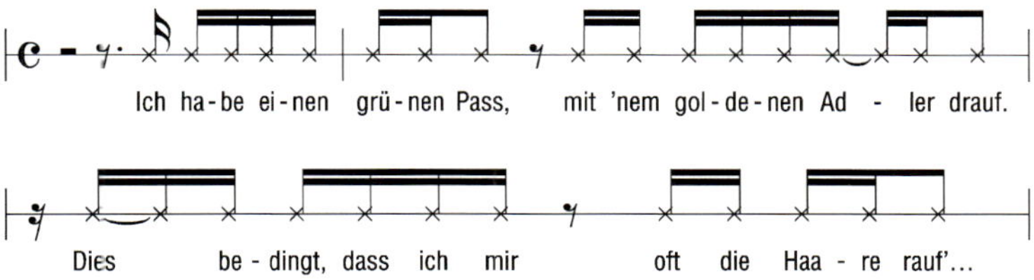

Beats

A

B

Instr. Ref.

Ein Nachrichtensprecher stellt zu Beginn des Stücks den Bezug zum politischen Tagesgeschehen her. Authentizität wird auch gewonnen durch Einspielung eines viertaktigen Samples aus der Erkennungsmusik der Sendung „Spiegel TV", hier notiert als „Instrumental Refrain ".

Die Basisbeats für den Rap sind aufgeschrieben als „Pattern A". Diese Beats begleiten den größten Teil des Stückes, wobei immer wieder einzelne Instrumente pausieren. Die Violinen in der Originalaufnahme sind ein verfremdetes Lo-Fi Sample. Die Violinen spielen leise im Hintergrund. Die Beats für den B-Teil „Politiker und Medien berichten ..." bringen Abwechslung in das lange Stück. – Sie sind notiert als „Pattern B". Herausgehoben durch Einsatz des Vibraphons bei gleichzeitigem Pausieren von Drums und Violinen werden der „Nachrichtensprecher" zu Beginn, ferner die Sprüche im ersten A-Teil „Gehst du mal zurück ... " „Nein, du weißt ...." „Ey bist du Amerikaner ..." „Ach du bist Deutscher ...", ebenso die längere Passage „Du willst den Beweis? ... müssen fliehn" (mit Drums-Einsatz) sowie im zweiten A-Teil „Komm, dem hau´n wir´s Maul auf!" „Ein deutscher Staatsbürger ...."

TurntableRocke

2 1

22 CORA E

23
24
23
23
23
23
23
23
23
23
CoraE

Pures GIFT

25

Dynamite Deluxe

Musik: Jochen Niemann, Kaspar Philip Wiens
Text: Samy Sorge

Pures **GIFT** 27

Dynamite Deluxe

Oh yeah! 1998, Eimsbush basement, Dynamite Deluxe, check das!

Ich hab das Micro in der Hand und die Raps im Kopf
bin auf dem Weg zu euch allen, also macht auf wenn's klopft
vergesst das alte 10-9-8-7-6-5-4, denn spätestens bei 3
wär ich mit Tropf von Dynamite vor eurer Tür
mit dem Gespür Hits zu schreiben, wir versuchen den ganzen negativen Shit zu meiden
um fit zu bleiben, anstatt den Kids zu zeigen
wie beschissen die Welt ist, schaffen wir ein positives Verhältnis
Mein Wort erreicht bald Wert, den man nicht mehr in Geld misst
genieße diese frische Priese, doch pass auf, dass du dich nicht erkältest
was soll ich euch noch erzählen, was ihr nicht selbst wisst?
Ich sag, was ich weiß und kick Styles
Aber viele erzählen Mist hinter meinem Rücken
mir gegenüber sind sie kreidebleich, ihr harter Kern wird seidenweich
Komm her, wir beiden gleich one-on-one, nimm dein Micro in die Hand
spitz deinen Stift, nimm noch einen Zug vom Spliff
mein Rap ist pures Gift –

Pures Gift
Schorre für die Ohrn, ungestreckte Hits von Dynamite Deluxe
Ihr braucht nur einen Druck um gut draufzusein und zwar auf „play" in eurem Tapedeck
wenn unser Tape drinsteckt

Ich biete den speziellen Service
damit ihr mehr wisst über mich, meinen Style, wo er her ist
wer's nicht hören will, hört besser nicht zu! Mir macht das nix aus
da ich das hier ja nicht für dich tu
Nicht zu vergessen, dass es mir fern liegt, dich zu stressen
Ich grabe tief in meinem Archiv, empfing endlich Signale von den Geistern, die ich rief
um sicher zu gehen, dass mein Rap bleibt, was er ist: Pures Gift
Vergiss, woran du Qualität misst! Dies ist die ultimative Alternative als Antwort auf die Frage:
Wer burnt? Hamburg City, der Standort
ich fand dort das Rezept, die richtige Chemie für eine Droge, die man Koks und Heroin vorzieht
Gleich beim ersten Mal süchtig, selbst Reha-Klinik hilft wenig
Deluxe-Stylee, noch etwas mehr, ich bin euch gnädig, mein Vorrat reicht ewig
komm von mir aus 3x täglich
ohne gute Connection ist dieses Geschäft nicht möglich
Beeper-Nummern nicht nötig
Ihr findet mich so: Folgt nur dem Bass, tief ins Basement
wir haben die Styles, die ihr nicht kennt
Deluxe-Big-Band, mein Rap, das Hauptinstrument
also dreh die Musik leiser, bevor die Box brennt!

Pures Gift ...

Injektion durch's Microphon, damit ihr nie mehr ausnüchtert
Pures Gift, doch lasst euch von dem Namen nicht einschüchtern!
Ich als Dichter muss übertreiben beim Schreiben, aber im Maß
kann's nicht leiden stehenzubleiben, geb einmal Gas
und das war's, Competition ain't on, Samy Deluxe ist dran
Deluxe-Stylee verspricht nicht, Deluxe-Stylee garantiert, Beats fett produziert
Stimme gut ausbalanciert
klar und deutlich, damit ihr alles genau hört, was passiert
also check mich und meine Raptechnik
Ich übe täglich und das macht sich bemerklich
bin nicht fertig, bevor nicht jeder 2. beerdigt ist
und ihr wisst: Dynamite Deluxe ist der Shit, den ihr hören müsst - Pures Gift –

Pures Gift ...

MC Ono

28

A-N-N-A

31

Freundeskreis

Musik & Text: Martin Welzer, Philippe A. Kayser, Max Herre

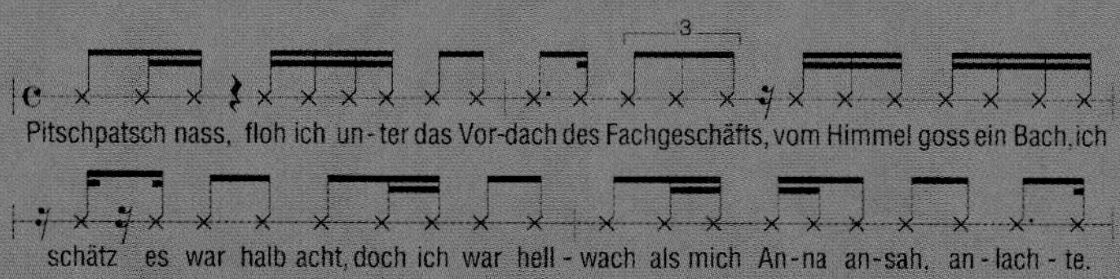

A-N-N-A

Freundeskreis

Immer wenn es regnet, muss ich an dich denken
wie wir uns begegnet, kann mich nicht ablenken
nass bis auf die Haut, so stand sie da
um uns war es laut und wir kamen uns nah
Immer wenn es regnet, muss ich an dich denken
wie wir uns begegnet sind und kann mich nicht ablenken
nass bis auf die Haut, so stand sie da
A-N-N-A

Pitsch patsch nass, floh ich unter das
Vordach des Fachgeschäfts, vom Himmel goss ein Bach, ich schätz
es war halb acht, doch ich war hellwach
als mich Anna ansah, anlachte
ich dachte, sprich sie an, denn sie sprach mich an
die Kleidung ganz durchnässt, klebte an ihr fest
die Tasche in der Hand, stand sie an der Wand
die dunklen Augen funkelten wie 'ne Nacht in Asien
Strähnen im Gesicht nehmen ihr die Sicht
mein Herz, das klopft, die Nase tropft, ich schäme mich
benehme mich dämlich, bin nämlich eher schüchtern
„Mein Name ist Anna", sagte sie sehr nüchtern
ich fing an zu flüstern: „ich bin Max aus dem Schoß der Kolchose"
doch so 'ne Katastrophe, das ging mächtig in die Hose
mach mich lächerlich, doch sie lächelte: „Ehrlich wahr Mann?"
Sieh da, Anna war ein HipHop-Fan

Immer, wenn es regnet, muss ich an dich denken ...

Plitsch platsch fiel ein Regen wie die Sintflut
das Vordach, die Insel, wir waren wie Strandgut
ich fand Mut, bin selbst überrascht über das Selbstverständnis
meines Geständnis' – Anna
ich fänd es schön mit dir auszugehn
könnt mich dran gewöhn' dich öfters zu sehn
Anna zog mich an sich, an sich mach ich das nicht
spüre ihre süßen Küsse, wie sie mein Gesicht liebkost
was geschieht bloß, lass mich nicht los
Anna, ich lieb bloß noch dich andre sind lieblos, du bist
wie Vinyl für meinen DJ, die Dialektik für Hegel
Pinsel für Picasso, für Philippe Schlagzeugschlegel
Anna, wie war das da bei Dada
du bist von hinten wie von vorne A-N-N-A

Immer, wenn es regnet, muss ich an dich denken ...

Sie gab mir 'nen Abschiedskuss, denn dann kam der Bus
sie sagte: „Max ich muss" die Türe schloss, - was, ist jetzt Schluss?
Es goss, ich ging zu Fuß, bin konfus, fast gerannt
Anna nahm mein Verstand, ich fand an Anna allerhand
Manchmal lach ich drüber, doch dann merk ich wieder wie 's mich triff
Komik ist Tragik in Spiegelschrift
A-N-N-A von hinten wie von vorne, dein Name sei gesegnet
ich denk an dich immer, wenn es regnet

Immer, wenn es regnet, muss ich an dich denken ...

Lass mich nicht im Regen stehn
Ich will dich wiedersehn
A-N-N-A

Immer, wenn es regnet, muss ich an dich denken ...

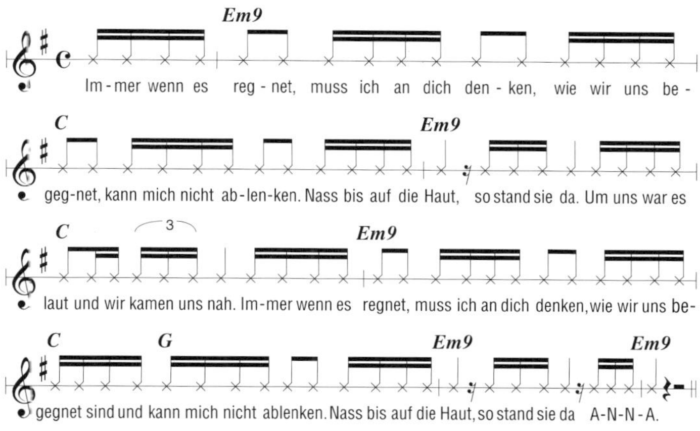

Beats

Für Refrain und Strophe gibt es unterschiedliche Beats-Pattern. Der Refrain ist immer achttaktig, das Refrain-Pattern wird also generell wiederholt. Bei den Versen richtet sich die Anzahl der Wiederholungen nach der Länge des Textes.
Anna" ist kein ganz leichtes Stück. Das vorliegende Arrangement wurde gegenüber dem Original in vielen Punkten vereinfacht. Der Rhythmus des Stückes ist ternär.

(Zum Eingrooven: Die Silbenfolge „Zing ding de ding ding" ergibt automatisch den gewünschten ternären Beat.) Da es sich um einen Half-Time Beat handelt, wird das ternäre Feeling erst bei Sechzehntel-Rhythmen sichtbar.

Die Gitarre 1 klingt dann besonders wirkungsvoll, wenn der Em9-Akkord im Refrain und der Cmj-Akkord im Vers über alle Saiten arpeggiert werden.
Bei den anderen Akkorden sollten möglichst nur die hohen Saiten angeschlagen werden, um Reibungen mit dem Bass zu vermeiden. Empfehlenswert ist hierfür ein cleaner Sound mit Chorus-Effekt. Die Gitarre 2 spielt nur einen einzigen Ton, der mittels Bending für die Dauer einer Sechzehntelnote um einen Halbton erhöht wird. Der Sound sollte unverzerrt sein und kann viel Echo vertragen. Falls nur eine Gitarre zur Verfügung steht, sollte im Refrain der Part von Gitarre 2 und im Vers der Part von Gitarre 1 gespielt werden. Der Rhythmus des Basses basiert auf einer 3-3-2-Figur, die in drei Variationen auftritt. (Als Hilfe bei der Einstudierung hat sich die Sprechzeile „Pa-na-ma Pa-na-ma Ku-ba" bestens bewährt. Je nach Takt werden verschiedene Silben betont, z.B. Refrain Takt 1: „Pa-na-ma Pa-na-ma Ku-ba")

Freundeskreis

37

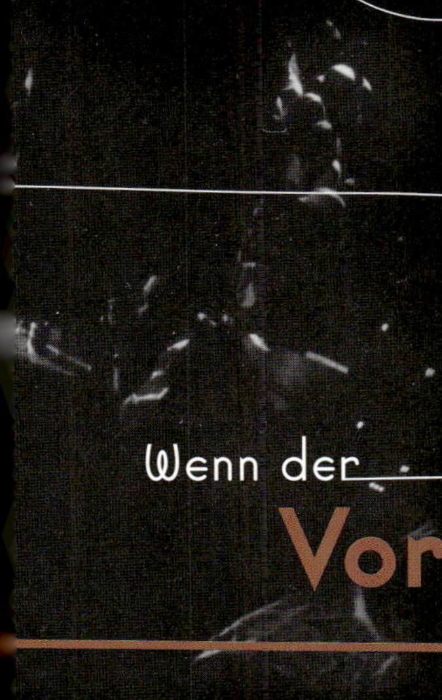

Für die Posse und Beats, die mich reinigen wie Wasser
geh auf steinigen Straßen, meine Peiniger erblassen
Denn ich leide beileibe für die Scheibe, die aufliegt
Weiß nicht, ob es das aufwiegt, was ich aus dem Verkauf zieh

Wenn der Vorhang fällt sieh hinter die Kulissen
Die Bösen sind oft gut und die Guten sind gerissen
Geblendet vom Szenario erkennt man nicht
Die wahren Dramen spielen nicht im Rampenlicht

"Wenn der Vorhang fällt" , Freundeskreis

Wenn der Vorhang fällt

Freundeskreis

38

Die Da

Die Fantastischen Vier

Musik & Text: Michael Beck, Thomas Dürr, Andreas Rieke, Michael B. Schmidt

Flow

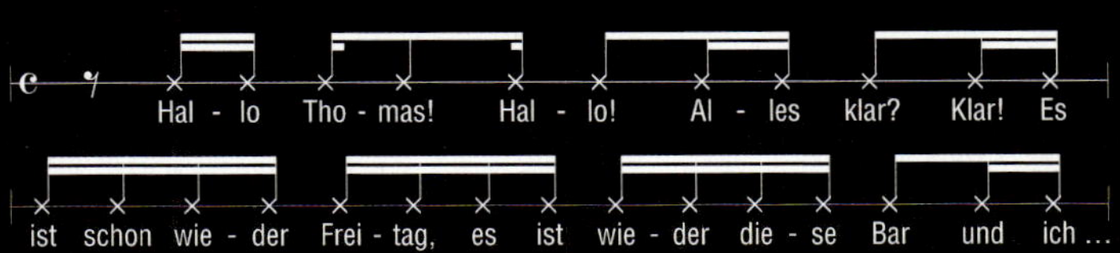
Hal - lo Tho - mas! Hal - lo! Al - les klar? Klar! Es
ist schon wie - der Frei - tag, es ist wie - der die - se Bar und ich …

Die Da

Die Fantastischen Vier

Hallo Thomas!
Hallo!
Alles klar?
Klar!
Es ist schon wieder Freitag, es ist wieder diese Bar
und ich muss dir jetzt erzählen, was mir widerfahren ist
Jetzt seh ich die Zukunft positiv, denn ich bin Optimist
Eh, Moment!
Was geht, ich sag's dir ganz konkret:
Am Wochenende hab ich mir den Kopf verdreht
Ich traf eine junge Frau, die hat mir ganz gut gefallen
Und am Samstag in der Diskothek ließ ich die Korken knallen
Sie stand dann so dabei, und wir ha'm uns unterhalten
Und ich hab sie eingeladen, denn sie hat sich so verhalten
Wir ha'm viel Spaß gehabt, viel gelacht und was ausgemacht
ha'm uns nochmal getroffen und den Nachmittag zusamm'n verbracht
Wir gingen mal ins Kino, hatten noch ein Rendezvous
Und, hast du sie ausgef hrt?
He, gehört ja wohl dazu!
Sie ist so elegant, sie hat auch allerhand
Du solltest sie wirklich mal treffen, denn ich find sie sehr charmant
Ist es die da, die da am Eingang steht
oder die da, die dir den Kopf verdreht?
Ist es die da, die mit m dicken Pulli an, Mann?
Nein, es ist die Frau, die Freitags nicht kann!

Ist es die da, die da, die da, – die da, die?
Ist es die da, die da, die da – oder die da?
Ist es die da, die da, die da – die da, die oder die da?
Nein, Freitags ist sie nie da!

Herzlichen Gl ckwunsch, Smudo, toi toi toi!
Du kannst dir sicher sein, dass ich mich f r dich freu
Ich selber bin auch froh, und falls es dich interessiert
mir ist am Wochenende was ganz hnliches passiert
Es war Sonntag und ich trinke Tee in nem Caf
Und als ich dieses sch ne Wesen an dem Tresen stehen seh
gesell ich mich dazu und hab n Tee f r sie bestellt
Naja, ich gebe zu, ich hab getan, als h tt ich Geld
Doch alles lief wie geschmiert, was mache ich mir Sorgen
denn wir reden und verabreden uns f r bermorgen
Und ich wollt mit ihr ins Kino gehn, stattdessen war n wir essen
denn sie hatte den Film schon gesehn. Ich hielt s f r angemessen
sie ins Restaurant zu f hren, S par e mit Kerzenlicht
He, hat sie die Rechnung bezahlt?
Nat rlich nicht
Doch sie sagte zu mir noch, dass wir jetzt miteinander gehn
Und seitdem wart ich darauf, sie wiederzusehn
Ist es die da, die da am Eingang steht
oder die da, die dir den Kopf verdreht?
Ist es die da, die mit 'm dicken Pulli an, Mann?
Nein, es ist die Frau, die Freitags nicht kann!

Ist es die da, die da, die da, – die da, die?
Ist es die da, die da, die da – oder die da?
Ist es die da, die da, die da – die da, die oder die da?
Nein, Freitags ist sie nie da!

Tja Thomas, da ha'm wir beide viel gemeinsam
Seit letztem Wochenende sind wir beide nicht mehr einsam
Bist du mit ihr zusammen?
He, ich hab mir vorgenommen
möglichst bald mit ihr zusammen zu kommen
Viel Spa§ damit!
Danke!
Doch eins gibt mir zu denken:
Warum muss ich ihr die ganze Zeit denn nur Geschenke schenken
Wem sagst du das, ich bin schon wieder blank
Doch dafür hat meine jetzt neue Klamotten im Schrank
He, bei mir kam sie neulich mit m neuen Teil an
Und dabei hab ich mich noch gefragt, wie sie sich das leisten kann
Und ich hab frei am Freitag, und sie ist nicht da
Moment mal Smudo, da ist meine ja!
Es ist die da, die da am Eingang steht
Was, das ist die da, um die es sich doch bei mir dreht!
Was die da?
Und wer ist dieser Mann?
Ich glaub, das ist der Grund, warum sie Freitags nicht kann

Ist es die da, die da, die da – die da, die?
Ist es die da, die da, die da –
genau die da?
Ist es die da, die da, die da – die da, die?
Ist es die da?
Freitags ist sie nie da!
Ist es die da, die da, die da – die da, die?
Ist es die da, die da, die da –
genau die da?
Ist es die da, die da, die da – die da, die?
Ist es die da?
Ist es die da, die da, die da – die da, die?

Ist es die da?
He, Freitags ist sie nie da!

Beats

Im Rapgesang wechseln sich SMUDO und Thomas D ab. Die unterschiedlichen Parts werden durch Kursivschrift gekennzeichnet.

Das Beats-Pattern unten enthält die wichtigsten musikalischen Elemente des Stückes, die jedoch selten alle gleichzeitig eingesetzt sind. Gepfiffen wird nur im Intro und im Anschluss an den Refrain.

Die Instrumente werden von den „Fanta Vier" mehr oder weniger beliebig an- und ausgeschaltet, so dass sich ein stetig wechselndes Klangbild ergibt.
Um die Begleitung live zu spielen, sollte das Keybaord die Orgel- und Pianostimme übernehmen, wobei es dem Spieler überlassen bleibt, wann mit Orgel- bzw Piano-Sound gespielt wird.
Die Bassfigur ist so typisch für das Stück, dass sie möglichst nicht vereinfacht werden sollte. Benötigt wird ein fünfsaitiger Bass.

Die verschiedenen Percussion-Instrumente müssen nicht alle gespielt werden. Es kann reichen, wenn ab und zu ein Woodblock oder Schellenring dazukommt. Eine andere Möglichkeit besteht darin, die Percussion auf dem Drumcumputer zu programmieren und dann synchron dazu zu spielen.

Nordisch by Nature

Fettes Brot

Musik: M. v. Hacht, B. Lauterbach, M. Schrader, B. Warns
Text: M. Bogojevic, J. Eißfeldt, R. Garzombke, M. v. Hacht, S. Kozalla, G. Kornagel, B. Lauterbach, T. Schmidt, M. Schrader, D. Sommer, B. Warns, S. Hackert, M. Riedel

Flow

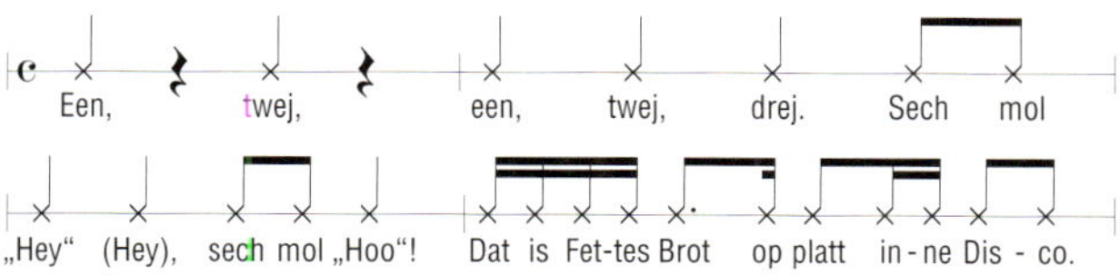

43

Nordisch by Nature

Fettes Brot

Schiff:
Een, twej, een, twej, drej. Sech mol „Hey“ (Hey)
sech mol „Hoo“
Dat is Fettes Brot op platt inne Disco
Jo, ick bün de Jung achtern Plattenspeeler
und so deel ick op as Störtebeker sine Likkedeeler
Dor is for jeden wat dorbi, wat ik speel
Bi uns in Norden heet dat nich Disco sondern „Danz op de Deel“
Ick krakehl veel Platt in dat Mikrofon
Büst nich ut'n Norden is dat schwer to verstahn
Wohn anne Waterkant dohn wi all
un da schnackt man nu ma so
hör mal'n beeten to
„Hummel Hummel! Mors! Mors!“. Ick bün ruut
de Schippmeester bün as de annern Nordisch by Nature

Gaze:
Sach mal, weißt du überhaupt, was das Leben hier so bringt
Was das regulär bedeutet, wenn dein Schicksal dich linkt
Und du morgens deine Stullen auf'm Küchentisch vergisst
aber du die ganze Schose erst bei Blohm und Voß vermisst
Dat is nicht so leicht, wie du meinst, mien Jung
Dat is 'ne Schietbuckelei und die macht den Rücken krumm
Hart genug, sagt man sich, und gibt sich selten auf die Schnauze
und wenn wir uns mal hauen, dann 'n Holsten in die Plauze
Mao Tse Tung war bei uns nie so 'n Thema
Mutter sagt: Politiker, die komm' und die gehen ma'
Wichtiger, mien Jung, merk das dir ohne Flachs
die im Süden essen Stäbchen und wir essen Lachs

Nordisch! Huh, huh, huh. Nordisch by Nature
Nordisch! Huh, huh, huh. Nordisch by Nature

Tobi & Bo:
Hier kommen deine Helden, der Tobi und das Bo
Bo, bitte melden! Yo, hier kommt Disco
Wie Samstagnacht, wie bei John Travolta
holter di polter; der Bass pumpt bis Obervolta
Hello peoples, we are here
in the one hand a micro, in the other a beer
We hear our music very loud
Hey, girly, do you wanna be my Braut
Nachtfieber, Nachtfieber, hier bei uns im Norden! Uh, yea
Nachtfieber, Nachtfieber, hier bei uns im Norden! Uh, yea

Wir im Norden, natürlich, verführen dich discomanisch
Panische Tanztage – voll in Rage
Bei unserer Trommelfellmassage
Keine Blamage in dieser Passage
denn die Discokugel, Tobi-Tob
läuft immer, wenn ich am Mikrofon prob
und der Laserdancer MK Bo
stiehlt mir aber dann die Show

Nordisch! Huh, huh, huh. Nordisch by Nature
Nordisch! Huh, huh, huh. Nordisch by Nature

Hey, Rabauke! Wo wird das Tanzbein geschwungen?

Renz:
Jo, ick weer in jungen Johren an de Waterkant boorn
Moin! Ne steife Brise von vorn gifft mi jümmer koole Ohre
Ick gah jeeden Avend up'n swutsch
un kumm erst trüch, wenn all mien Geld is futsch
Mann in de Tünn, gah mi ut de Sünn, ick bün wat ick bün
kumm mi nich anne plünn
Doch komm fix mal rum, um di de Norden antokieken
Bi uns dor is jümmer wat los achter de Dieken
Set di eerstmal dal, nimm 'n Kööm un 'n Aal
un smeckt di dat nich, is mi dat ok schietegal
Du bist denn woll keen Schrimp, wat nich heet
dat ick nu schimp, aver pass op Du Tüffel
wie nehmt di op de Schüffel

König Boris:
Ich liebe die Schiffe, das Meer und den Hafen
und ich liebe es, nach 'ner Party
breit am Elbstrand einzuschlafen
Ich bin ein Hamburger Jung und ich komm' voll in Schwung
wenn ich hüpf' und spring' und von Hamburg sing
Samstagabend - 'n Kööm und 'n kühles Blondes
und auf die Schnelle noch 'ne Fischfrikadelle
Schon Störtebeker wusste, dass der Norden rockt
und hat mit seinem Kahn hier gleich angedockt
Ja, ihr hört richtig, heute ist Discozeit
Warum? Weil alles nach Disco schreit
Und ihr fragt euch, ob der König das Versprochene hält
Ja, na klar, denn ich bin Nordisch by Nature

Nordisch! Huh, huh, huh. Nordisch by Nature
Nordisch! Huh, huh, huh. Nordisch by Nature

Eißfeldt:
Der Discobeat ist genau mein Ding
weil ich ein Diiisco-Sixer bin. Oh, ich sing'
Eißfeldt von der Waterkant
schickt seine Disco-Vibrations über 's ganze Land
Ein Nordlicht wie ich ist nicht erpicht
auf Einhaltung von Regeln, die irgendein Gericht ausspricht
Nein, er bricht die Norm und die Gesetze gekonnt
Hier gibt es nur Flachland, aber deshalb einen weiten Horizont
Nicht geboren auf Jamaika, doch zu rollen mit der Zung
ist 'n Klacks für 'n Hamburger Jung
Bede bey bey, bede bey bey, come, come, follow me
Ich trinke Holsten, und ich liebe St. Pauli

Nordisch! Huh, huh, huh. Nordisch by Nature
Nordisch! Huh, huh, huh. Nordisch by Nature

Fischmob:
Yo! Koze und Kozmic sind im Haus
Zieh die Hausschuhe aus
und rein in die Dancing-Schuh
We got another funky rap for you
From the south to the west to the east to the north
come on Fischmob; go off an go off an' go off
Hier kommt ein Rap im Kornfeld, und wenn man nach vorn fällt
weiß man, der Korn hält, was er verspricht
Wasser verspricht sich nicht
denn Wasser kann nicht sprechen aber Dämme brechen
Dämme, die brechen unter den Fluten der Nordsee
Und ich lauf' weg, wenn ich 'n Mord seh
„Lauf, lauf!", ruft hinter mir mein Trainer
„Lauf, du sollst noch aufnehmen bei die Jungs von Container!"
Jetzt stehen wir hinter der Scheibe
und halten bestimmt nicht den Schnabel
es sei denn, ihr zieht es raus, das Mikrofonka...

We got the fever! Samstagnachtfieber
Nachtfieber, Fieberthermometer
Samstagnachtfieber, Nachtfieber, Fieberthermometer

MK Cram, Übersetzung:
Nein, hey MK Cram, und lass mich jetzt mal anfangen
Nordisch by Nature, verstehst du das
Am Mikrofon mit meinen Worten bin ich echt schnell
hörst du es Schnelln? Ich komm' aus Deutschland
hab 'n Akzent, aber das macht nix aus
Ich bin trotzdem ein ganzer Mann, den du nicht kennst
aber er rennt den ganzen Tag und die ganze Nacht
wart noch ein Moment!
Nordisch by Nature, und ich werd euren Tag retten

Super Mario:
Aale, Aale, Aale. Alle Mann an die Mikrofone
Stemmt dem König seine Krone, gebt dem Renz mal 'n Flens
und schiebt das Schiff auf 'n Riff! Ich bin's, der Ingenieur
schlängel mich durch's Gewirr Kabel ja auch so rum
Nä, bin ja auch nicht dumm. Nä, hab 'ne Klappe wie 'ne Krabbe
und bin forsch wie 'n Dorsch, eben nordisch am Mixtisch
Blütenrein, aprilfrisch sind meine Ohrn
denn ich bin ja auch geborn auf 'm Land
Joa, und das stand, joa, auch im Klatschblatt
meiner Heimstadt Hamburg. Ja, lach ruhich
Aber sach nix, wenn ich abmix
und dich austrix, bin ich fix
nur aufgrund meiner nordischen Natur

Nordisch! Huh, huh, huh. Nordisch by Nature
Nordisch! Huh, huh, huh. Nordisch by Nature

Tabula Rasa:
Wir sind nördlich, auch nicht nördlicher
sondern am nördlichsten. Tabula Rasa – das ist der
der ich und der, der ich bin
Örtlich wortwörtlich definiert mit Flensburg
Ich hoffe, es stört dich nicht, wenn ich mal nach Hamburg gurk
Mit der Forke an der Hand stehen wir oft am Ostseesandstrand
schauen auf die blauen, grauen Wellen – bekanntes Land
Der Norden, der Norden, der Norden dreht auf
Pass auf, wenn ich gleich übers Wasser lauf, nicht absauf
Ja, ick bin immer vorköhlt, und ick höb andauernd snöp
Snöff mir die Nase ut, wenn de mol wedder dröpt
denn wat mut, dat mut, dat mut ja nun ma rut
sowohl de snöt als ok de dänische Sprachgebruck
Og nu fortsätter vi med de danske sprog
Vi to – danske rim, disco, dannebro det ka' do tro
for vi liger syd for gränsen. Tabula rasa, vi er her
og vi giver dig Chancen, Nuancen
gir' vi denne lille fede sang med vores
uoverträffelige Sprechgesang
Rimen flöd, ahh – ku du märke dette stöd
For det du lige sad og nöd, ver det Fede Bröd

Nordisch! Huh, huh, huh. Nordisch by Nature
Nordisch! Huh, huh, huh. Nordisch by Nature

46

Nordisch by Nature faziniert durch seine Allstar-Besetzung, in der neben den Broten fast alle Hamburger Rap-Urgesteine, wie Eißfeldt, DJ Koze, Tobi & das Bo, DJ Rabauke in Erscheinung treten.
Die Rapper wechseln sich strophenweise ab, gelegentlich freestylen sie auch.

Es erklingen nicht immer alle der im Beats-Pattern aufgeschriebenen Instrumente gleichzeitig. Die Gitarre tritt nur im Intro und gelegentlich während der Verse auf.
Sie spielt nie in Verbindung mit dem String-Keyboard (würde sich auch nicht besonders gut anhören) und nur ab und zu mit dem Piano. Das Keyboard spielt nur im Refrain. Während der Verse dominieren Bass, Percussion und Schlagzeug.
Der Begleit-Groove von „Nordisch by nature" stammt in seiner Grundidee von „Rappers Delight", dem ersten weltweit erfolgreichen Rap-Song von Grandmaster Flash aus dem Jahr 1979.
Den schwierigsten Part hat der Bass. Allerdings ist es – nur um den Rap zu begleiten – nicht unbedingt nötig, so virtuos zu spielen.
Entscheidend ist, dass der Bass die Grundtöne A (erster Takt) und D (zweiter Takt) liefert. Mit welchen Tönen der Takt sonst noch ausgefüllt wird, bleibt dem Spieler überlassen.

Nordisch by Nature

Fettes Brot

47

Advanced Chemistry

49

50

MC Afrob

Haben Spaß am Mikrofon Check –eins, zwei
Unsere Augen haben rotes Licht – stehn immer auf Standby

"Reimemonster", Afrob feat. Ferris

IST ES CREDIBLE? WAS? HIP
HOP AUS DEUTSCHLAND.
WEIL ICH'S NIEMALS DEUTSCH FAND
WAR ES AUCH KEIN NEULAND!

"AFROKALYPSE III", SPEZIALIZTZ FEAT. AFROB

53

54

Lügen...
ihr kriegt mich nie

Cora E

Musik: Sascha Bühren, Achim Walta

Text: Cora E

56

Lügen...

ihr kriegt mich nie

Cora E

Stille Wasser sind tief
Hab ich erfahrn, als ich mitten ins offene Messer lief
Und meine Mutter rief mir noch hinterher: Vorsicht!
Vertrauen wird zum Grauen, wenn es bricht
Ich hörte nicht, ich sah mich nicht oft um
Begab mich in Gefahr und kam darin um
Was ist gefährlicher als ehrlich sein?
Was ist erbärmlicher als Trug und Schein!
Wo gehen Gedanken hin, wenn man sie geteilt hat?
Wie komm'n sie an, wenn ein anderer dran gefeilt hat?
Beweg ich mich wirklich frei ohne fürchten zu müssen?
Man zieht mir den Boden weg unter den Füßen
Muss ich flüchten oder bleib ich hier bei euch?
Auf der Erde wo der Neid gen Himmel schreit
Ich lass den Hass links liegen, den Schein nicht trügen
und –
Lügen, ihr kriegt mich nie!

Ich fühl mich so, als ob andauernd irgend jemand guckt
Ich kann ihn nicht erwischen
Ich fühl mich so, als ob andauernd irgend jemand guckt
will ihn nur bitten in seinem eigenen Teich zu fischen

Man kennt die Geschichte
Von den'n deren Namen zu erwähn' ich verzichte
Alle, die nicht mehr hoffen, vom Neid bestochen
zu weit in den Arsch gekrochen
Ich halt Ausschau, ich trau dir nicht übern Weg
Wind birgt Gefahr, wenn er dreht
Was ist begehrter als härter bleiben?
Was ist stärker als Schwächen zeigen?
Ich komm ins Gerede jede Stunde wie ich leb, was ich mach
als ich schlief, also blieb ich wach
Ich komm nicht zur Ruh, denn du guckst mir zu
Ganz egal was ich mach, also geb ich acht
Muss ich mich verstelln um zu gefalln
Oder bleib ich wie ich bin und zeig es damit allen
Ich lass den Hass links liegen, den Schein nicht trügen
und –
Lügen, ihr kriegt mich nie!

Ich fühl mich so, als ob andauernd irgend jemand guckt
Ich kann ihn nicht erwischen
Ich fühl mich so als ob andauernd irgend jemand guckt
Will ihn nur bitten in seinem eigenen Teich zu fischen

All das Wissen ohne hintergrundloses Dissen
Das Blau deines Himmels sind Kulissen
Du lädst ein zur Maskerade
Da war's wieder – dein Lächeln ist Fassade
Ich komm nicht hin, ich war noch nie da und sing:
Böse Menschen haben keine Lieder, worin liegt der Sinn
deines Daseins?
Vielleicht hasst du deins und jetzt passt dir meins nicht
Klar andern was zu schenken auch wenn's keiner sieht
Das ist 'ne Blume, die nur sehr selten blüht
Marmor Stein und Eisen bricht, doch dein Wort zählt nur im Ganze
und – Blumen kann man pflanzen
Ich geb gerne ab an alle
die auch dann noch für mich da sind, wenn ich nichts mehr hab
Ich lass den Hass links liegen, den Schein nicht trügen
und –
Lügen, ihr kriegt mich nie!

58

POWER

HOEHA SCHNELLA WEITA

Rödelheim Hartreim Projekt

Musik & Text: Moses Pelham, Martin Haas

Flow

HÖHA SCHNELLA WEITA

62

Rödelheim Hartreim Projekt

Wir sind durchs Wasser gegangen und nicht nass geworden
Ihr habt uns zwanzig Mal gesteinigt und wir sind nicht gestorben
Wir ha'm im Kühlschrank übernachtet und wir sind nicht erfroren
Wir ha'm schon tausend Mal gespielt und noch nie verloren
Wir sind ein Dorn im Auge unseres Feindes
Weil jedes Wort wahr und außerdem gereimt ist
scheint es wie Zauberei, Zauberei
wenn ich das Mikrofon greif und unseren Namen schrei

R.H.P. sind die Chabos, die du gern haben kannst und hasst
weil wir dir sagen wie es ist. Du bist 'n Spast
und wirst blass, während meine Farbe gesund ist
und das Wort ins Ohr geht, wenn es aus meinem Mund ist
Wir sind die Bundesreimer Nr. 1 mit den P's und dem Kreis
Und du, du laberst gerne Scheiß
Ich reiß dich auf, Alter, und kack dich wieder zu
Rödelheim ist die Macht und du reimst nicht mal

Wir gehn höha, schnella und weita
(Rödelheim, Rödelheim)
höha, schnella und weita
höha, schnella und weita
höha, schnella und weita

Ich bin 'ne lebende Legende und wär schon längst in Rente
wenn ich nur jemanden fände, der den Job machen könnte
denn am Ende, da muss es einen geben, c'est toi
Ich schätz, das bin ich. Warum bist du eigentlich am Leben
Egal, vielleicht, weil du uns so süß kopierst
es immer wieder probierst und immer wieder verlierst
Du garantierst für Scheiße wie die Werbung von Göde
Wir ha'm beide was von Kelly Bundy: Ich bin geil und du bl

Die Rödelheimer Hartreim-Saga, unbezahlbar und
unnahbar wie mein Gelaber, geht runter wie Kaba
wie Faber, ohne wenn und aber, Fotzenlecker
Ich fließ wie der Neckar, nur weiter von hier bis Mekka
Die Vollstrecker schlagen dich auf wie Boris Becker
schneiden dich ab wie Black 'n Decker
kaufen dich wie 'ne Packung Cracker bei Schlecker
Mic Checka und Scubido, now guess what America, fuck you

Wir gehn höha, schnella und weita
(Rödelheim, Rödelheim)
höha, schnella und weita
höha, schnella und weita
höha, schnella und weita

Wir kommen – wie gesagt – krass über Schlagzeug und B
Wer – wie – was, der – die – das Projekt ist deine Last
Ich fass dich nicht mal an, ich hab Connects en Masse
Pass auf, von Bullen bis zu Chabos im Knast
hast du suizide Tendenzen, ich rauch dich wie 'ne Benson
und Hedges, stoß dich in deine Grenzen
Wenn's 'n Chabo gibt, der denkt, dass er kann, was ich kan
soll er kommen, und wenn er kommt, wird er gebombt wie Vie

Wann ist mir egal und wo sowieso
weil überall wo wir sind ..., Rödelheim ist ohne Show
Moses P. ist der Chabo, der schmeißt
mit Verben, Adjektiven, mir egal wie der Scheiß heißt
weiße Weste, nähe Messe, Frankfurts beste
Adresse für Reim ist meine Fresse
Wenn dieser Hesse kommt, ist's für Erbarmen zu spät
Fotzenlecker und -leckerinnen, dieser Bastard geht ...

Wir gehn höha, schnella und weita
(Rödelheim, Rödelheim)
höha, schnella und weita
höha, schnella und weita
höha, schnella und weita

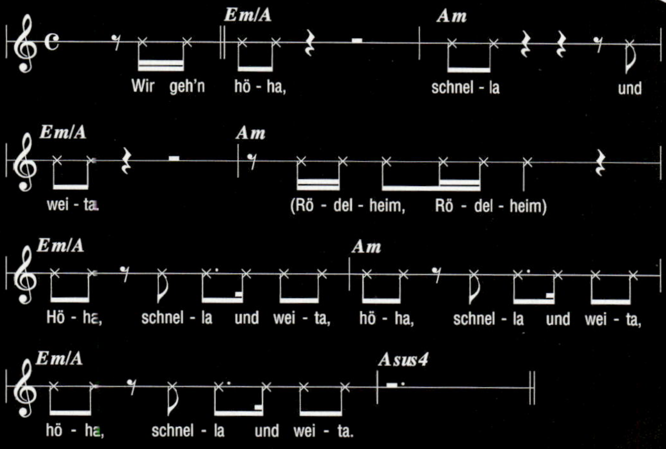

Beats

Die notierten Beats sind viertaktig und enthalten die wichtigsten musikalischen Elemente des Originals.

Es agieren – wie meistens im Rap – nicht immer sämtliche Instrumente gleichzeitig und es kann frei entschieden werden, an welcher Stelle, einzelne Instrumentalstimmen aussetzen. Am Ende eines Verses wird jeweils im vierten Takt ein Break gesetzt, in dem die Instrumente pausieren, um den Refrain oder die nächste Strophe herauszustellen. Ob im Break alle Instrumente oder vielleicht nur die Drums pausieren, variiert.

Die Beats sind im Original vollständig programmiert. Wer sie mit Instrumenten live spielen will, kann dazu getrost die Schlagzeugstimme um ein paar Sechszehntelnoten ausdünnen (z. B. in der Bassdrum die „2+", sowie die „3-"). Bei der Hihat können durchgehende Achtel schon ausreichen. Für die Keyboardinstrumemnte sollten folgende Sounds gewählt werden: Piano: Rhodes bzw. E-Piano mit Chorus, Pad: weicher und sustainreicher Flächenklang, Synth: Moog ähnlicher Sound mit etwas Portamento. Der wirkungsvollste Gesamtklang ergibt sich, wenn die Verse nur mit Bass, Schlagzeug und Piano begleitet werden und die übrigen Instrumente erst im Refrain hinzukommen.

Da Lesson

67

MC Brixx

6|8

NichtsNutz 7'1

Massive Töne

Musik & Text: Wasi Ntuanoglu

72 NichtsNutz

Massive Töne

Ich glaub's kaum, ich seh es vor mir, als wär es gestern
ich im Verkaufsraum und die Kollegen lästern
wieder über das Fachgeschäft gegenüber mit dem Vordach
ich seh sie lachen und es ist kurz vor acht
Mich im Anzug, Hemd und Krawatte, die Berufsschulbank
und die ganzen Tags auf der Deckplatte
Kunden, die sich beschweren, wie ich abends aus dem Laden geh
auf den Boden seh, ohne mich zu wehren
die Debatten mit dem Vater, die ich führte
über die Zukunft: man zwang mich zur Vernunft
doch was ich fühlte oder spürte, blieb tief in mir verborgen
Ich machte mir selbst Sorgen
darüber wie mein Leben verlief, ich war das Problemkind
das dauernd die Schule verschlief
schlecht im Beruf, verrufen im Betrieb
und frech zum Chef, das zu oft weglief und seine Eltern anlog
und langsam merkte, dass die Zeit an ihm vorbeizog

**Es ist mir aus den Augen abzulesen, ich frage mich
wohin die Wege führen, die ich gehe
versteh es nicht, ertrag es nicht, ich habe nichts
Ich will aus der Dunkelheit ins Tageslicht**

Am langen Samstag im Monat war ich krank
ich packte meinen Rucksack und verschwand dorthin
wo man mich richtig kennt
ich und die Massiven Richtung Süden
Wir glänzten vor hunderten HipHop-Fans
während ich schwänzte
Zur roten Fabrik nach Zürich ich fuhr
bevor ich zur Arbeit wär, wofür
Und danach nach Winterthur auf Tour oder Luzern in die Schüür
Mit der Klasse fern von der Inventur und der Ladenkasse
des Vorgesetzten, Standpauken ich standhielt
den Atem anhielt, gab ihm Recht
doch eigentlich nur so tat, denn man hielt eh nichts von mir
meinen Fehlern und Noten
sowie ich nichts von denen und deren Verboten
So brach ich ab und versprach mich dem Rap
einer inneren Stimme meiner Bestimmung
Ich stahl dem Sinn die Show, ich dachte
´s könnt ja nicht schlimmer sein
weil ich den größten Fehler bereits machte

**Es ist mir aus den Augen abzulesen, ich frage mich
wohin die Wege führen, die ich gehe
versteh es nicht, ertrag es nicht, ich habe nichts
ich will aus der Dunkelheit ins Tageslicht**

Da draußen seh ich Bekannte, deren Ungesichter
höre ihre Geschichten, ähnlich wie meine
hätte große Lust abzuhauen
Danach geh ich heim und reime bis spät in die Nacht hinein
um meinen Frust abzubauen
als Nichtsnutz hab ich einen Plan
einen Traum, Beats von hier bis in die Ewigkeit
Frauen, Ladys, wie mein Baby
Props von den Pops, davon leb ich und von Gelegenheitsjobs
anderes als Lebensreiz gibt's wenig
Richtig arbeiten will ich eh nicht. Wir leben gefährlich
Ich sorge mich wahrlich um meine Existenz
ich meine, die Angst zu versagen
doch täglich musst ich mein klägliches Dasein
im Arbeitsalltag ertragen. An Tagen, an denen ich fehle
rocken die Massiven Töne volle Konzertsaäle
Ich zähle die Jahre, ja ich weiß, wo ich jetzt wäre
ich sammelte Erfahrungen, doch ich scheiß auf diese Lehre

**Es ist mir aus den Augen abzulesen, ich frage mich
wohin die Wege führen, die ich gehe
versteh es nicht, ertrag es nicht, ich habe nichts
Ich will aus der Dunkelheit ins Tageslicht**

Massive Töne

74

Und sehen die vollgebombten S-Bahnen
wie sie nach Stuttgart West fahren
während wir Beats programmieren bis egal wieviel Uhr
mein Nachbar im Unterhemd hämmert immer gegen die Tür
Wir jagen die Kicks durch Kompressoren
legen die Stimmen auf Bandmaschinen mit acht Spuren
Nachts touren wir vom Bopser bis zum Bismarckturm
beäugen die Aussicht bis der neue Morgen aufbricht

Eins für den Rap, zwei für die Bewegung
von klein auf geprägt durch die Umgebung

"Mutterstadt", Massive Töne

RESPEKT

Jazzkantine

Musik: Christian Eitner, Ole Sander
Text: Michael B. Schmidt

Flow

Bumm bumm patz, so fing der Hip-Hop an. Ich er-in-ne...

77

RESPEKT

Jazzkantine

Bumm bumm patz, so fing der HipHop an
Ich erinnere mich an den Urknall, an dem alles begann
Das Universum dehnt sich aus und wird kühler
Ich benutze meine Fühler und suche andere Schüler
doch alle, die ich sehe, haben ihre Hand im Schritt
sagen: „Yo motherfucker" oder ähnlichen Shit
Machste mit? Wer? Ich? Ne, ne, kommt nicht in Frage!
Viel zu viele Klischees auf der Bühne heutzutage
Sage ciao. He! Zack! Mach mein eigenes Ding
Die Leute sind irritiert, weil ich was Eigenes bring
denn das heilige Gesetz wird zum ersten Mal gebrochen:
HipHop war bis jetzt in Deutschland nur Englisch besprochen
Doch die Dinge ändern sich. Das Volk tut sich träge bewegen
Plötzlich rappst du deutsch, als hätte es nie was anderes gegeben
Ich frage dich direkt: He! Wer hat dich angesteckt?
Oder welchen Weg wählst du für den Respekt?

Respekt ist unsere Aufgabe
Respekt ist unsere Aufgabe
Respekt ist unsere Aufgabe
und nicht 'ne falsche Maske, die ich aufhabe

Und du kannst rappen, rap, break, break, sprühen, sprühen
und dich fragen, wird der Gott des HipHop sich um mich bemühen?
Ich denke nicht, denn mit Scheuklappen im Gesicht
suchst du Zuversicht vor dem Jüngsten Gericht
doch das gibt es nicht mein Freund. Du hast wohl deinen Stil vergessen
Bist stattdessen ganz zerfressen, nur von der Idee besessen
dir die Bücher zu gestalten, zu verwalten
redest von deinen viel zu viel, wie sollen sich da Ideen entfalten?
He! Öffne deinen Geist und der Rest kommt von alleine
Religion ist Opium für den HipHop. Weißte, was ich meine?
Werfe deine Dogmen weg, denn sie sind nicht dauerhaft
Schon mal irgendwo gehört, in der Bewegung liegt die Kraft?
Gehe einen Schritt zurück, mach dich locker, schau dich um!
Konzentrier dich auf dich selbst und vergiss das Drumherum
Hinter welcher deiner Türen hält sich dein Geist versteckt?
Oder wie weit verkaufst du dich für Respekt?

Respekt ist unsere Aufgabe
Respekt ist unsere Aufgabe
Respekt ist unsere Aufgabe
und nicht 'ne falsche Maske, die ich aufhabe

Beats

Von Anfang an wurde der Rap durch Funk und Jazz beeinflusst. Die Jazzkantine ist ein Zusammenschluss von weltweit bekannten deutschen Jazzgrößen.
Bemerkenswert an dem Jazzkantine-Projekt (dem auch Smudo angehörte und zeitweise Cora E) sind der fette, jazzige Beat, sowie die sehr unterhaltsamen Texte.
Respekt erschien 1996 in einer Live-Version, die hier zugrunde liegt. Sie ist eine Mischung aus Soul-Funk der 70er Jahre und modernem HipHop.
Der Groove ist ternär: Zwei Sechzehntel werden wie eine Sechzehntel-Triole mit Pause in der Mitte gespielt.
Wirkungsvoll zur Geltung kommt dieses Rhythmus-Feeling in der Clavinet-Figur. Hier sind rhythmusfeste Spieler gefragt. Die Clavinet-Figur kann aber durch Weglassen der Sechzehntel-Zwischennoten in der linken Hand sowie im zweiten Takt in der rechten Hand vereinfacht werden.

Egal, woher du kamst, es war nur wichtig, wer du warst ob dein Style tight saß, wenn die Wortwahl das Schwarze traf

81

"'Waffenbrüder'", Spax

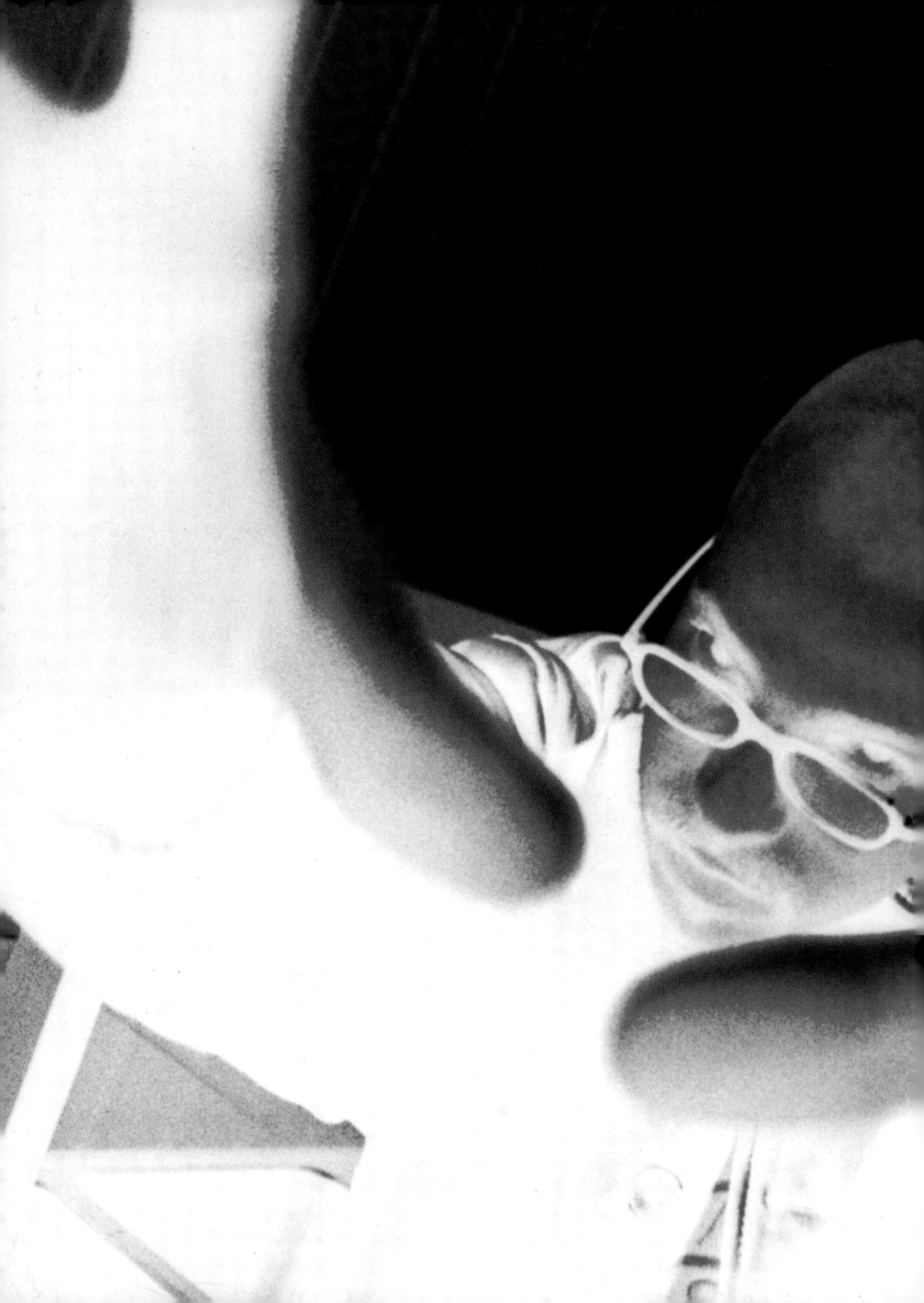

83

Zehn Rap Gesetze

MC Curse

Musik: Mattias Voss **Text:** Michael Kurth

Zehn Rap

84 Gesetze

MC Curse

Nach zehn Jahren am Mic weiß ich ein bisschen Bescheid
das Biz ist heiß, weil jeder sich ums Rampenlicht reißt
Und das ist geil, weil Konkurrenz bekanntlich das Geschäft puscht
und A&R's zücken das Scheckbuch auf Jams wie Writer Blackbooks
Doch auch der beste Hook hilft rein gar nichts, da wo kein Plan ist
'ne feste Basis muss sein, da sie Grundstein für jede Tat ist
Also Erstens: **Frag dich, ob's dir das wirklich wert ist**
Rappst du, weil's dir im Herz liegt. oder weil der Scheiß zur Zeit Kommerz ist?
Kohle scheffeln Leute, die Ewigkeiten dabei sind
ihr Leben dafür bereit sind zu geben, dass sie soweit sind
Zweitens: **Das peinliche Biten bitte vermeiden**
Von den meisten, die schreiben, sind die wenigsten wirklich eigen
Nummer Drei: Beim Freestyle muss man Üben und Bühne trennen
lieber zehn Sätze, die brennen als zehn Minuten verschwenden
Denn das Publikum ist mega-abgetörnt, wenn du nicht burnst
gib das Mic ab, sag Peace und mach sie platt, wenn du returnst
Nummer Vier: Setz dich hin, spitz 'n Stift, nimm Papier
lern MCs zu respektieren und ihre Stärken zu studieren
Nummer Fünf ist so wichtig, wie nichts ist in diesem Business:
Da die Scheiße Kampfsport ist, **sei drauf gefasst, dass du gedisst wirst!**
Nummer Sechs: **Find dein eigenes Repertoire,** wenn du rappst
denn wo du die Worte setzt, ist die Formel für dein Kontext und Gesamtkonzept
Und das führt uns direkt zu Nummer Sieben: **du musst HipHop lieben**
als wärst du immer nur Fan geblieben
Der Fame und die ganze Scheiße ist geil und man soll's genießen
doch ohne Basis Typen wäre keiner von uns gestiegen
Nummer Acht ist so ähnlich wie sieben und ziemlich easy:
gib Respekt an die Breaker, die DJs und an Graffiti
Nummer Neun: du darfst auf keinen Fall schlafen, aber musst träumen
fokussier dich auf dein Ziel, um die Hürden vom Weg zu räumen
Nummer Zehn ist die eigentlich Erste von allen Regeln:
Stell Dich NIE gegen Curse!
Das war's von mir, jetzt können die anderen reden

87
Dj Busy

BREAK DANCE

88

Böden bebten und beben durch den Tanz ohne steife Regeln
Und bitte wer bekam und bekommt deren hartes Training mit
zu jenem Augenblick?

"Gladiator auf Ewigkeit", Advanced Chemistry

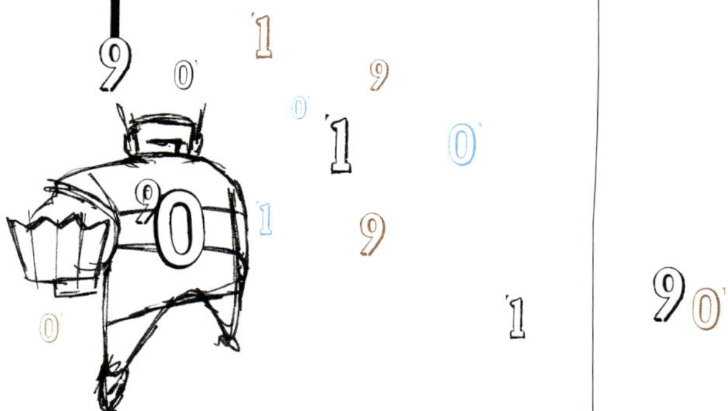

'92

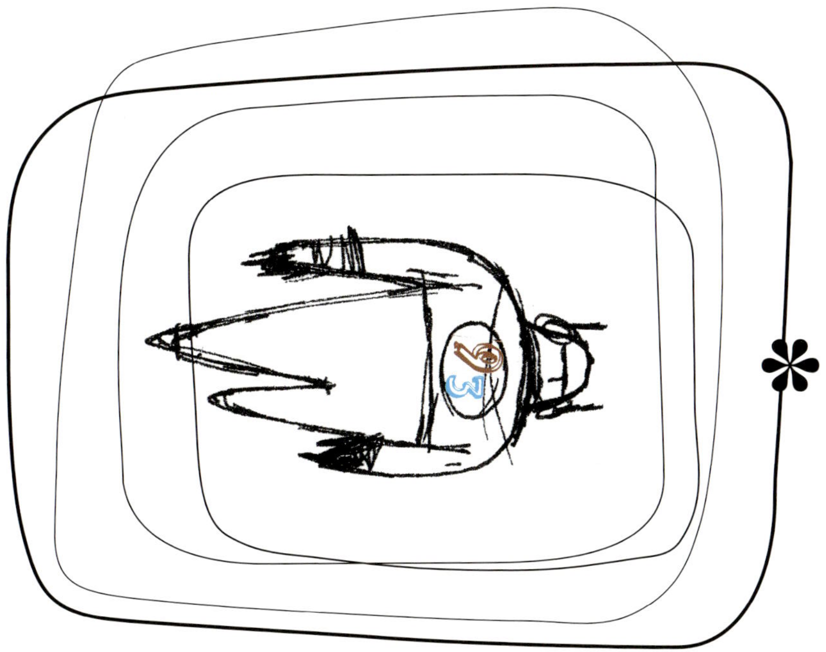

Vergiss dein Papi, der sein Ferrari in der Garage pflegt
ich geh zu Steve, der für Kies auf der Straße breakt
HipHop lebt, wenn sich auch dein Arsch mitbewegt

"Malaria", Stieber Twins

94

96

Swift, Speedy, Storm

97

Dein Herz
schlägt schneller

98

Fünf Sterne Deluxe

Musik & Text: Tobias Schmidt / DAS BO

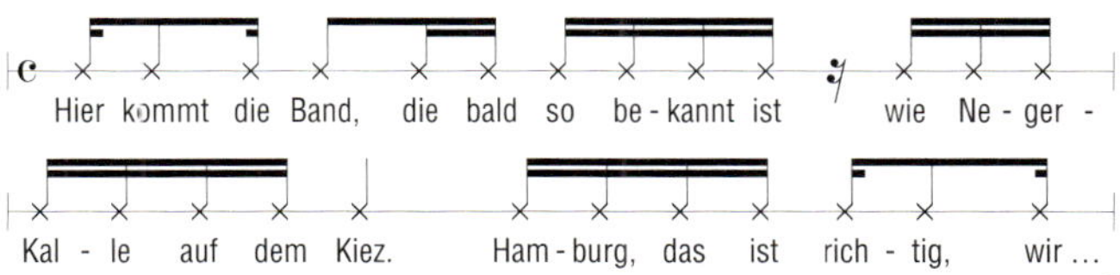
Hier kommt die Band, die bald so be - kannt ist wie Ne - ger -
Kal - le auf dem Kiez. Ham - burg, das ist rich - tig, wir …

Flow

Dein Herz schlägt schneller

100 Fünf Sterne Deluxe

Moin Leude! ...
HipHop braucht kein Mensch, aber Mensch braucht HipHop!

Hier kommt die Band, die bald so bekannt ist wie Neger-Kalle auf dem K
Hamburg, das ist richtig, wir ha'm die fetten Beats
Das ist sicher wie Angeln mit der Banjo El Ritze
If you need a fix, Baby, hier ist deine Spritze
Uns're Skills kommen edel wie ein kühles Holsten
das ist unser Pils und das knallt am dollsten
Tzz. Wir sell out? Nicht, dass ich wüsste!
Ich weiß nur, da geht was, bei uns an der Küste
Cool wie Kühlung, Flows kommen frisch
nenn uns Flowdol, die Ohrenspülung
mit Beats treibend wie Aerosol
mit viel Soul aus meiner Seele für den Style
Warum der so geil ist, bleibt geheim wie 'n X-File
Frag Fox Mulder und Dana Scully, die werden dir bestätigen
dass wir uns auf diesem Beat verewigen
als wären's unsre Namen auf dem Broadway
Mein Rap kommt cool wie der von John Fortay
wir wickeln dich um den Finger, wie 'n Schneider Garn
transportieren dich besser als die Deutsche Bundesbahn
in Orte, von denen du nie glaubtest, dass es sie gibt
Killing me softly mit einem Lied
und da das von uns ist und da das unsere Kunst ist
und jede Sekunde von diesem nach unserem Wunsch ist
sind es wir, die ihr hört, seht und fühlt
Bohr 'n Loch in deinen Kopf und dann wird gespült!

Dein Herz schlägt schneller, kriegst du unsre Infusion
Deine Boxen brennen durch, hörst du unsre Produktion
Dein Herz schlägt schneller, kriegst du unsre Infusion
Fünf Sterne Injektion, deluxe am Mikrofon
Dein Herz schlägt schneller, kriegst du unsre Infusion
Deine Boxen brennen durch, hörst du unsre Produktion
Dein Herz schlägt schneller, kriegst du unsre Infusion
Fünf Sterne Injektion, deluxe am Mikrofon

Eins, zwei, drei bis hin zur vier
Fünf Sterne deluxe sind an deiner Tür
Bereit für den Eintritt, also mach Platz
'cause you know we about a trip shit up
Es stimmt, dass unser Scheiß fett ist, nicht nett ist, sondern derbe
Albert Einstein ist tot und wir haben sein Erbe
untergraben den Verstand und knacken die Synapse
Wenn wir weiter so machen, lande ich bald selbst in der Klapse
denn ich bin verrückt nach Fünf Sterne Styles und Skills
denn daran sind wir reicher als ganz Beverly Hills
Ich bin verrückt nach deluxe Styles und Skills
denn daran sind wir reicher als ganz Beverly Hills
Bitte bye-bye. Relativ geschickt, schick Bo schicke Grüße an die Schick
mir ist klar, dass ihr auf uns abfahrt, ihr habt auch schicke Skier
Doch Dynamite deluxe, Doppelkopf, Fünf Sterne ABS und Eins Zwo
sind im Norden verantwortlich für ein hohes Niveau
doch cool sind auch der Süden, der Westen und der Osten
Hört ihr unsere Beat, fragt ihr nur, was sollen die kosten?
Na, mindestens genauso viel wie Kate Moss ihre Knospen
Sauber wie Omo mit Vox wie Bono
Drück ich auf Phono, sind Tobi und Bo-Stereo sogar in mono
Fünf Sterne sind quadrophonisch, süß wie Honig
Jeden guten Beat entlohn ich mit meiner Stimme
Wisch dir den Scheiß aus der Kimme
ab jetzt pumpen wir Adrenalin in deine Sinne

Dein Herz schlägt schneller ...

Es gibt bei den Beats keinen eindeutigen Unterschied zwischen Vers und Refrain.
Zwar pausieren einzelne Instrumente in raptypischer Art immer mal wieder, jedoch ohne merklichen Bezug zu den Formteilen.
Das Stück besitzt praktisch keine Harmonien.
Der einzige, dem gesamten Stück zugrunde liegende, Akkord ist ein C-Akkord ohne Terzen (bezeichnet als C8).

Die Pattern für Gitarre und Schlagzeug sind nur Basisfiguren, die im Original oft variiert werden. In der zweiten Strophe werden die Zeile „Ich bin verrückt nach Fünf Sterne deluxe..." und vier darauf folgende Zeilen mit einem Breakbeat hervorgehoben.
Diese Schlagzeugfigur ist hier deshalb gesondert notiert.

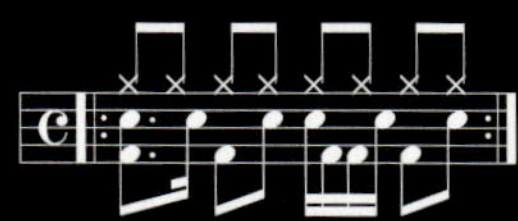

Beats

BALANCE

105 **Doppelkopf**

Text: Falk Utermöhle

Musik: Thyes Ruete, Falk Utermöhle, Björn Stoffers, Martin Hess

BALANCE

106 Doppelkopf

Noch weiß er von nichts, er wandelt in Trance,
der Nebel ist zu dicht, nimmt ihm die Sicht , er verliert die Balance ...

Eine kleine Episode um was klar zu stellen
denn Katzen machen viel zuviel Gebell um diese Welt
Da war dieser eine Katzer, genannt Fritz
der am liebsten auf der Veranda in der Sonne lag
Mäuseschenkel fraß und in Gedanken bei Muschi, der meist sexiesten Kätzin w
Aber all die Kätzinnen standen auf Shirkan
dabei wusste jedes Kätzchen Shirkan stellt Übel dar
Keine Kätzin, die er nicht mit auf seine Couch nahm
kein Katzer, der auszog ihn zu fordern und zurück kam
Dem müssen wir ein Ende machen beschloss der Rat der Weisen
und wie üblich in Katzenkreisen ließ man die Würfel entscheiden
Und wie das Leben spielt, Fritz warf die Eins und verlor:
Kein zurück, aufgehetzte Katzer schoben ihn vor
Aber es gibt stärkere, klügere als mich, schrie der entsetzte Fritz
warum ausgerechnet ich, ich verstehe es nicht?!

Gib acht, dass du Sein und Schein nicht vertauschst
sieht auch alles hier nach Zufall aus
Fritz, pass auf! Es kommt so anders als du glaubst

Zum Abschied schmissen Katzen für Fritz ein Fest
für Kätzinnen gab es Sekt, für Katzer Kätzinnen ins Bett
und die weisen Alten überreichten Fritz ein Amulett
das die Rückseite Irgendwos zeigte
Zerschlag es an einem Stein und Hilfe kommt, sagten sie dazu
aber es geht nur einmal, überlege gut, wann du es tust
Und Fritz zog los, quer durch Shirkans Revier
wie im Horrorwald, ihm wurde heiß und kalt
Und bald erschien ihm Shirkan in seiner ganzen Schrecklichkeit
und was Fritz jetzt noch helfen konnte, konnte nur ein Wunder sein
Als von Irgendwo aus ein Stein geflogen kam
das Amulett traf, es zerbrach und die Prophezeiung wurde wahr
dem Stein folgend schmiss sich Hilfe auf Shirkan
packte ihn am Hals und bannte so die Gefahr
Fritz erkannte die Chance, als er den Stein aufnahm
und dann erschlug er den Tyrannen mit einem einzigen, schweren Schlag
Die Hilfe ließ den Toten aus dem Würgegriff
ob das kein Fehler war, weiß ich nicht, meinte sie zu Fritz
Aber seit dem allerersten Tag ist es das gleiche Spiel
und jetzt komm her zu mir, und ich erklär es dir:

Gib acht, dass du Sein und Schein nicht vertauschst ...

Du musst wissen, hörte Fritz die Hilfe sagen
es gibt hier nicht einen Stein, um das Amulett zu zerschlagen
Also habe ich selbst einen geworfen von Irgendwo aus
und habe selbst das Amulett zerbrochen und nun pass gut auf:
Der Plan war, Shirkan sollte auf nichts verzichten
seinen Spaß haben und dich vernichten
um bei euch Katzen den Hass auf das wofür er steht zu schüren
was es wiederum den alten Weisen leicht macht euch Katzen zu führen
Es geht hier um Schatten und Licht und um das Gleichgewicht
und darum, dass du das Eine niemals ohne das Andere kriegst
Weil das Eine aus dem Anderen entsteht
und fehlt das Eine, sind auch die Tage des Anderen gezählt
Fritz Körper vibrierte, als er langsam kapierte
und seine Augen blitzten, während er Shirkans Blut in seinem Gesicht verschmier
Und wie in Trance trat er den Rückweg an
und zu Hause wurde er lügnerisch, trügerisch
mit offenen Armen empfangen vom Rat der Weisen ...
Ihr Scheinheiligen, zischte Fritz, tut mir leid
aber es geht hier um das Gleichgewicht
und dann setzte er die ganze scheiß Stadt in Brand
krallte sich Muschi und verschwand als Shirkan in Shirkans Land

Gib acht, dass du Sein und Schein nicht vertauschst ...

107

DC

1 0 9
Und wir fahrn auch über Wasser, wenn da Brücken sind
He, der Typ hat ‘ne Meise, aber Rückenwind
"Rückenwind",
Thomas D

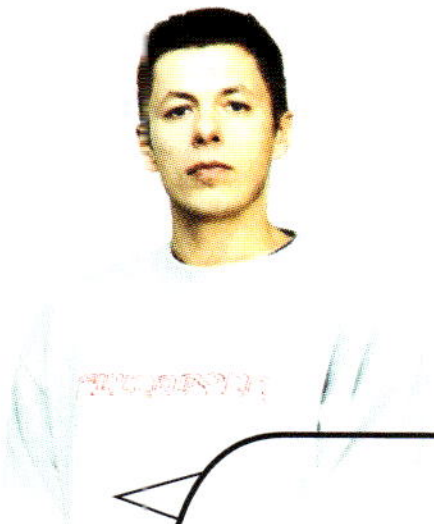

Tag am Meer

Die Fantastischen Vier

111

Musik & Text: Michael Beck, Thomas Dürr, Andreas Rieke, Michael B. Schmidt

Flow

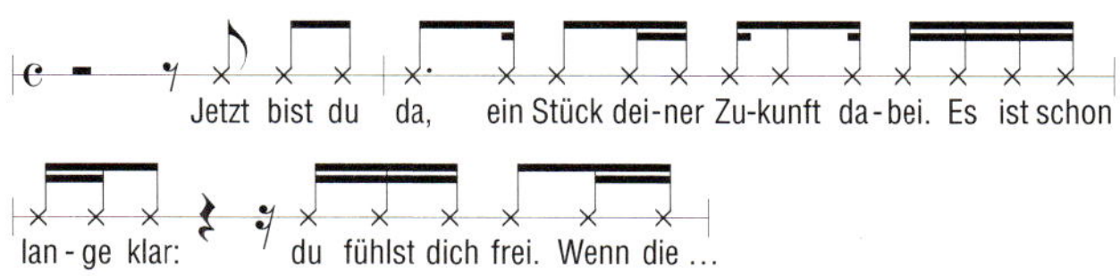

Tag am Meer

112 Die Fantastischen Vier

Jetzt bist du da, ein Stück deiner Zukunft dabei
Es ist schon lange klar: Du fühlst dich frei
Wenn die Zukunft zur Gegenwart wird, hast du's getan
Das Warten, war es wirklich dein Plan?
Dann verschwindet die Zeit, darauf du in ihr
Wolken schlagen Salti, du bist nicht mehr bei dir
Die Zeit kehrt zurück und nimmt sich mehr von sich
In ihr bist du schneller, denn mehr bewegt dich
Der Moment ist die Tat, die du tust. Augenblick
denn dein Auge erblickt, was du tust und erschrickt
vor dem Ding, das du kennst, weil es immer da war
Die Musik ist aus und ist immer noch da

Hast du das gewollt? Hast du Angst? Zu Beginn?
Doch jetzt ist alles anders, denn wir sind mitten drin
Es dreht sich nur um uns, und es ist nichts wie bisher
und das macht uns zu Brüdern – mit dem Tag am Meer

– mit dem Tag am Meer
– mit dem Tag am Meer
– mit dem Tag am Meer

Du spürst das Gras. Hier und da bewegt sich was
Es macht dir Spaß. Nein, es ist nicht nur das
denn nach dem Öffnen aller Türen, steht am Ende der Trick
des Endes der Suche durch das Finden im Augenblick
Du atmest ein, du atmest aus
Dieser Körper ist dein Haus und darin kennst du dich aus
Du lebst – du bist am Leben – und das wird dir bewusst
ohne nachzudenken, nur aufgrund der eigenen Lebenslust
Das Gefühl, das du fühlst, sagt dir: „Es ist soweit"
und es ändern sich Zustand, der Raum und die Zeit
Der Verstand kehrt zurück, doch du setzt ihn nicht ein
Jeder Schritt neues Land. Wird es immer so sein?
Du spürst die Lebensenergie, die durch dich durchfließt
das Leben, wie noch nie in Harmonie und genießt
Es gibt nichts zu verbessern, nichts, was noch besser wär
außer dir im Jetzt im Hier – und dem Tag am Meer

– und dem Tag am Meer
– und dem Tag am Meer
– und dem Tag am Meer

Beats

Der schwebende Sound des Stückes beruht zu einem großen Teil auf den Echo-Effekten und dem immer wieder eingeblendeten Meeresrauschen.
Die geöffnete Hihat in der Percussion-Stimme ist im Ausklang mit einem Filtersweep versehen, wodurch sie im Klang an eine Brandungswelle erinnert.. Das Clapping zieht eine lange, exakt auf den 16tel-Beat abgestimmte, Echo-Fahne hinter sich her. Beim Schlagzeug wurden tiefe und weiche elektronische Sounds verwendet, ähnlich denen einer Roland TR 808 Maschine. Auch der Bass ist extrem weich und tiefenlastig. Die beiden Akkorde der Akustik-Gitarre sind sehr leicht zu greifen: Benötigt wird nur der Zeigefinger. Er drückt im fünften bzw. siebten Bund die drei hohen Saiten gleichzeitig herunter. Bei der E-Gitarre kommen die Pausen dadurch zustande, dass sich die Anschlaghand zwar durchgehend in Sechzenhteln bewegt, aber nicht immer anschlägt.

Vereinfachungen:
Bass und Schlagzeug sind hier programmiert. Wenn live gespielt werden soll, reicht es aus, in der Hihat Achtel zu spielen und den Sechzehntel-Vorschlag der Bassdrum wegzulassen

GRA FFITI
114

... erhasch mir von den Zügen, die vorbeifahrn, einen Blick
mit Geschick und erquick mich am Anblick
mit wahrer Inbrunst gesprühter Kunst
durch des Staates Missgunst zerstört im chemischen Dunst

"Alte Schule", Linguist von Advanced Chemistry

Sprüher werden für ihre Graffitikunstpracht
als kriminelle Fracht über Nacht in Gefangenschaft gebracht
Und bitte wer bekam und bekommt diese Misshandlung mit
zu jenem Augenblick?

"Gladiator auf Ewigkeit", Advanced Chemistry

Wahre Liebe

MC Curse

Musik: Iman Shahidi **Text:** Michael Kurth

124 curse

Wahre Liebe

MC Curse

Ihr wisst nicht, wer ich bin, hört nur die Schwerter klingen, Curse von Schmerzen singen, die schwersten Gefühle ehrlich in Verse bringen. Warum hört ihr mir eigentlich zu? Das war doch sonst nicht so, damals vor dem Rap-Ding, als nichts ging, nur ich und du. Den Mädels war ich scheinbar zu uncool, bevor die Hosen baggy waren, vor den Hoodies mit den flashigen Farben, vor den Tagen, bevor die Mikros mein Fressen waren, bevor ihr die Gäste ward auf Partys wo Michael Chef in Sessions war. Bevor zu rappen das Fetteste war, waren für mich nur Reste da, jetzt gibt's Catering, Champus und Sex am ersten Abend. Menschen, die mich damals vergessen haben, sind heute die ersten Namen, die sagen: den kenn' ich schon seit den ersten Tagen. Zwar seid ihr nett zu mir und ich zu euch, doch glaubt mal nicht, dass ihr mich täuscht durch Lächeln und Hände schütteln für fettes Zeug.

Glaubt ihr an die wahre Liebe?
Glaubt ihr wirklich, dass die Menschen dablieben, wenn die Fassade fiele?
Also, glaubt ihr an die wahre Liebe? He?
Ich tu's erst, wenn ich schließlich in Gottes Armen liege

Ihr hättet's richtig machen sollen, als ich noch klein war, mich komplett vernichten, als ich nichts war und geweint hab. Mich immer wieder daran erinnern, dass ich nichts wert bin, durch mein Herz dringen, bringt die Seele zum Zerbersten. Ihr hättet's auf die Spitze hoch treiben sollen, so dass ich auch definitiv am Ende kaputt bin und ihr am Schluss gewinnt. Doch Scheiße, denn ihr habt's nicht total geschafft, die Widerstandskraft des kleinen Jungen zu brechen, so dass er nichts mehr hat. Ihr Wichser habt mich härter gemacht, und wer jetzt lacht, ist derselbe, wo früher keiner gedacht hat, dass er's bis heute schafft. Doch alles ist gut, es gibt kein böses Blut zwischen mir und euch, denn der Teufel bestraft uns alle in gleicher Glut. Der gleiche Mut, der mich beschützt hat, hat sich gefestigt und stützt mein Rückgrad in Zeiten, wo das Leben mich verrückt macht.

Glaubt ihr an die wahre Liebe ...

Und was ist, wenn die Menschheit erblindet und nicht mehr sieht, dass ich Lederjacken trag und Charisma hab beim MCeen? Und was, wenn all der Fame geht, auf den die Frauen stehen, und ich die Trauer und Tränen von Innen nach Außen drehe? Ich die Fassade einreiße, Wahres verbreite und deswegen nicht mal eine einzige Scheibe aus dem Laden schmeiße? Vielleicht ist auch das Album ohne Hits, die Hitparaden ohne mich, auf VIP Partys pass ich ja so schon nicht. Die wollen mich eh nicht an der Spitze sehen, wollen mich nicht hören, wenn sie mit Gogo-Gören in Dissen gehen um Trips zu nehmen. Bin denen eh schon ein Dorn im Auge, gesegnet mit Gottes Glaube und Selbstvertrauen, so grandios, dass ich Stahl zerstaube. Und weil ich niemals meinen Arsch verkaufe, lieber meine Nachfahren taufe, trau ich nur Menschen auf deren Pfad ich laufe. Wenn all die Äußerlichkeiten endlich versiegen, steh ich da allein, keine die blieben, keine die wirklich lieben.

Glaubt ihr an die wahre Liebe ...

Check das, check das, das Rap-Ass rappt das, wie Astaire steppt das
Ich bin im Haus und geh so schnell nicht wieder raus
"Geht was", Beginner

Fenster zum HOF

Stieber Twins

12|8

Musik & Text: Martin Stieber, Christian Stieber

NYC

Fenster zum HOF

Stieber Twins

Ich weiß, das was ich weiß, das weiß ich:
Rap ohne Weitsicht, uhh – ich weiß nicht
Oft sitz ich vor meinem Blackbook und spitz meinen Bleistift
aber heute nicht, heute reim ich, heute text ich
Was ich mein, mein ich ehrlich, gute Rapper sind spärlich
ein falsches Rapimage ist und bleibt mir zu gefährlich
denn es geht nicht um Hip-Kleidung, Hop-Konsum
der Kaufmonsum zerstört mein Hip-Hop-Heiligtum
Modeboom, ich dreh mich um
und verstumm –
Mir wird's zu dumm, zurück zum Minimum, sei's drum
Ich bild mir meine eigene Meinung, schwätz nicht dumm rum
Was zählt ist nicht nur die Leistung
TPM heißt mein Forum, Style ist die Neigung
Ihr spielt mit Cans von Faust, wir mit Rustoleum
Achtung, Achtung: Stieber Twins nur im Doppelpack
der Text steht im Zentrum, der Rest ist nur Schabernack
Rap verkauft sich, ach – mal schnell mitgemacht
doch in zuviel deutschen Köpfen wird mir zuwenig nachgedacht
in zuviel deutschen Köpfen, zuwenig nachgedacht

Mit dem Blick, mit dem Blick, mit dem Blick
durch 's Fenster zum Hof, denn dort spielt die Musik

Stieber Twins ohne Pseudonym, weil ich kein Pseudo bin
Ich rap auf deutsch, so steht's in meinem Passport drin
Flashdance, Beatstreet, Breakin', ich denk, es war vorhin
'84 ein Neubeginn
Jetzt mal ich Skizzen, schreib ich Texte
schlaue Beats und schlaue Sätze
Es gibt nichts, was ich mehr schätze
Wenn ich schreib, dann ohne Stress und Hetze
Lieber eine EP als Doppel-CD und Freestyle-Texte
Luxus-Chris im Plattenbusiness, bin ich lieber ehrlich der Letzte
als durch Beschiss der Beste
kein Freund ohh – den ich versetze, Spielregeln, die ich verletze
Writer, die Writer verpfeifen, sind das letzte!
Du gibst, er mischt, ich setze auf HipHop den Baum
nicht Rap die Frucht
und Dummgeschwätze, Abgestresse, Kampf um die besten Plätze
Es dreht sich wenig um den Kern und viel um Backstagepässe
Jams platzen, wachsen wie Küchenkresse
zuviel Yellowpresse von der Party hin zur Medienmesse
alles schön und gut doch leider nicht in meinem Interesse
Du gibst, er mischt, ich passe
'95 war ich klasse, jetzt studiere ich HipHop
im sechsundneunzigsten Semester
Props an Mode, Gor, Gawki und Props an Zebster

Mit dem Blick, mit dem Blick, mit dem Blick
durch's Fenster zum Hof, denn dort spielt die Musik

Stieber Chris, der nie vergisst, dass Fame das Hirn anfrisst
dass man bei guten Kumpels nicht neben die Klobrille pisst
mal kurz die Freundin des Freundes least, den Vogel abschießt
und dann so tut als ob nichts passiert ist
Weiß Gott, ich bin kein guter Christ, der zu human ist
und seinem nächsten sofort aus der Hand frisst
doch wer vergisst, dass man Erfolg nicht nur am Geld misst
die Person zählt, nicht die Chartposition und Top-10-Hits
Lügen bringt nichts, ich kenn genug Kollegen im HipHop Showbiz
wo der Ruhm zu Kopf gestiegen ist
heute hardcore und härter wie Onyx
morgen smooth bei Sony auf Seite B ein Dance-Mix
Alle rappen, doch viele erzählen nix
Viele deutsche Platten hör ich nur noch mit Q-Tips
was ich hass, sind faule Tricks, miese Rapstyle-FX
Rapper mit Starallüren und trotzdem schlechten Lyrics
ach, gegen den Verkauf von HipHop hab ich gar nichts
was ich hass, ist der Verkauf von falschen Images

Mit dem Blick, mit dem Blick, mit dem Blick
durch 's Fenster zum Hof, denn dort spielt die Musik

132

Esperanto

Freundeskreis

Musik & Text: Sophie Guerin, Martin Welzer, Philippe A. Kayser, Max Herre

International verständlich, yeah, yeah
Wir besetzen Botschaften in totgesagten Wortschätzen
Esperanto hält Einzug in bundesdeutschen Vorstädten
und Freundeskreis wird zu Amikaro
der tupac Amaru des Stuttgarter Barrios
unser Lingo ist der Ausdruck dieses Schmelztiegels
Wir bringen euch Hip Hop Sound, in dem sich die Welt spiegelt
weil wir den Blick bewahrten und wir selbst blieben
das ist für die Heads, die Raps aus 0711 lieben
Miliano Mondano mit der Mischpoke
Don Philippe und Frico, dem Discjockey
die Philosophie Streetpoetry
'ne Lingua Franca für alle Linken und Einwanderer
Wir schreiben '99, heut ist Rap universell
A&R's sehn aus wie B-Boys, die Kultur zerschellt am Geld
Die mediale Definition von HipHop ist 'ne Farce
wir tun, was wir immer taten, nur der Kontext ist im Arsch
ich krieg Kopfschmerzen von zu viel Popkonserven
doch FK lässt sich nicht in diesen Topf werfen
Es gibt nichts was uns zügeln kann, nichts was uns hält
wir spreaden's über Stuttgarts Hügel in die Welt, Esperanto

Esperanto, c'est la langue de l'amour
tour à tour vient à parler
Esperanto
et à ce jour l'espoir est né

Esperanto, Standpunkt unseresgleichen
von denen die die und nicht nur sich an der Kultur bereichern
ein Synonym für lasst hundert Blumen blühn
hundert Schulen in Rapcyphers miteinander wetteifern
Esperanto: Antwort auf den kulturellen Bankrott
Musik ist Weltsprache, keine schnelle Geldmache
esquchar el lenguache raps belcanto
Fiedel dem Biz wie Castro die erste Geige zu seinem letzten Tango
Esperanto: eloquente definition
ein schnellerlernter Lingo zur Verständigung der Nation'
basiert auf romanisch, deutsch, jiddisch, slawisch
kein Sprachimperialismus oder Privileg des Bildungsadels
Esperanto: wenn ihr's nicht gleich versteht
wichtiger ist, dass ihr zwischen den Zeilen lest
euch unser Style beseelt, fühlt was mein Input ist
Ich sei Lyricist, internationaler Linguist
miliano soulguerillero
der Texterpartisane, der letzte Mohikaner
am Mikro amigos estaj representanto
FK amikaro, motto Esperanto

Esperanto, c'est la langue de l'amour ...

Pour tous les gens de tous pays pour tous les gens qui sont ici
Esperanto neuf, neuf. les temps vient changer avec ce son neuf
et si tu aimes ce son là amikaro et déborah
c'est qu'un debut, tu peux conter la dessu
nous on croit en Esperanto

Esperanto ist die Sprache der Liebe
die nach und nach alle sprechen werden
Esperanto und an diesem Tag
wird die Hoffnung neu geboren

An alle Menschen aus allen Ländern
an alle Leute, die hier sind
Esperanto neun, neun
Die Zeiten werden sich ändern mit diesem neuen Sound
und wenn ihr diesen Klang mögt
Freundeskreis und Déborah
das ist erst der Anfang – darauf könnt ihr sicher zählen
Wir glauben an Esperanto

Esperanto

Freundeskreis

136

Kennst ja! Das Leben ist die Härte

Erfolg stellt sich nicht ein

bei Verfolgung der falschen Fährte

Die Weiche bestimmt den Weg

der wiederum die Werte

"Kennst ja", Spezializtz

Spezializtz mit DJ Desue

139

KOPFSTEINPFLASTER

Ruhrpott AG

Musik: Gabriel Saygbe
Text: Karsten Stieneke, Pahel Schulinus Brunis, Michael Galla

141

Ruhrpott AG

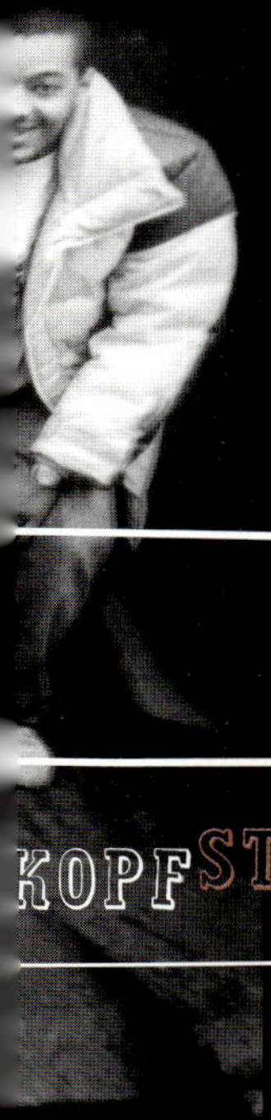

KOPFSTEINPFLASTER

rengsätze für Fahrtkosten und Pennplätze
il ich für solche Anlässe Trend und das letzte Hemd setze
ßgeschneiderte Kragenweite, komm, halt den Atem an
r stehen in ganzer Bandbreite voller Tatendrang, entarten dann
e Evolution die Erde in ihrem Werdegang, warteten lang
nn ehrlich währt, dann erfährt man, wann
rever young aber, ey: Fair play! Das ist genau wie bei Sergeij:
kommt ganz auf den Anlauf an
f unserer Laufbahn braucht man 'nen Karavan
r Weg ist hart wie kopfsteinpflasterstraßen nach Kasachstan
n mach den Leihwagen klar und nach drei Tagen war
chts einladender als: Scheinbar keiner da!
nn Arbeit hier nicht Kraft mal Weg ist, widerleg es!
nn als nächstes beweg ich Träges als wär es Tetris
d nur ein paar Minuten später misst man im Quadranten Beta
seren Einschlag in verfluchten Newtonmeter

hren Filme wie Lynch, lost Highway, kein Airplay
mmelfahrtskommando auf dem Weg zur Gangway
sichtbare Turbulenzen, denn der Ruf eilt uns voraus
cht packbar, wie Schall. Meilensteine beim Dauerlauf
fahrn die schiefe Bahn, wie Paris-Dakar
ch verlorenes Wissen zwischen Mekka und Medina
hr Finger im Spiel als alle Arme von Kalima
re Treffen effektiv, wie Konferenzen übers Klima
s hierher ging 's gut, doch La Haine, zu viel Wut
mmen selten allein, ich mein 5 gegen ein'
umme Touren auf Tonspuren

Komitee auf Odyssee. Wehen mit Effet durch die Sniper-Allee
Du ahnst nur was kommt, suchst den Wendepunkt am Horizont
Dein Nachrichtendienst sucht nach Spuren an der Front
Weil Instinkt uns niemals linkt, stehen wir da, wo wir sind
Die goldene Mitte. Fand den Weg durchs Labyrinth
Rüsten auf wie Victor-Charlie, tarnen die Rüstungsindustrie
Lokale Raportage, Prime Time, C.E.T

Klar, dass Erkenntnis hart sein kann wie das Harmann-Geständnis
wird dir vielleicht zum Verhängnis
Jetzt führ ihn nicht in Bedrängnis, sonst dreh ich durch wie El Ninhos
Kopfnüsse knacken dann, geben den Ton an wie in Rom, San Pidrinos
Macht euch da keine Gedanken drum
Wir packen den Quantensprung, wie so 'n paar Elefantenjungen
Mit ungespaltenen Zungen prägt mein Mund mein Umfeld
während er laut wie 'n Hund bellt, melkt mein Gehirn meine Umwelt
Klar, dass ihr draufsteht, falls unsere Rechnung aufgeht
seid ihr im Arsch, wie 'n Bodypacker der draufgeht
Hart, wenn man drauf pappen bleibt
wie ich auf meiner Kindheit in Bochum-Wattenscheid:
Saufmord, Kopp-Bordstein-dashing. Top smashin, wie der Darwin-Award
Wenn ihr Wahnsinn messt, sind wir Chef, wie STF
Wir halten selbst beim Blombenbrechtest bombenfest
Sprachliche Mittel zur Dreck Gedanken Reinigung
im weißen Kittel mit Kopf Stein Pflaster zu deiner Steinigung

Kopf Stein Pflaster onandonandonandon

BEATS AUS DER BUDE UND RUDE POETE

VERLASSEN DEN PLANETEN

UND KOMM' ZURÜCK ALS KOMETEN

"OPEN SPACES"', DCS FEAT. DER KLAN & CURSE

Der KLAN

Wir unterwandern alle Grenzen
eine nach der andern, auf allen Frequenzen
Alle Antennen brennen wenn sie's senden
und wir euch unsere Organe spenden

"Ich hoffe, die Radiosender lassen diese Platte spielen", STF

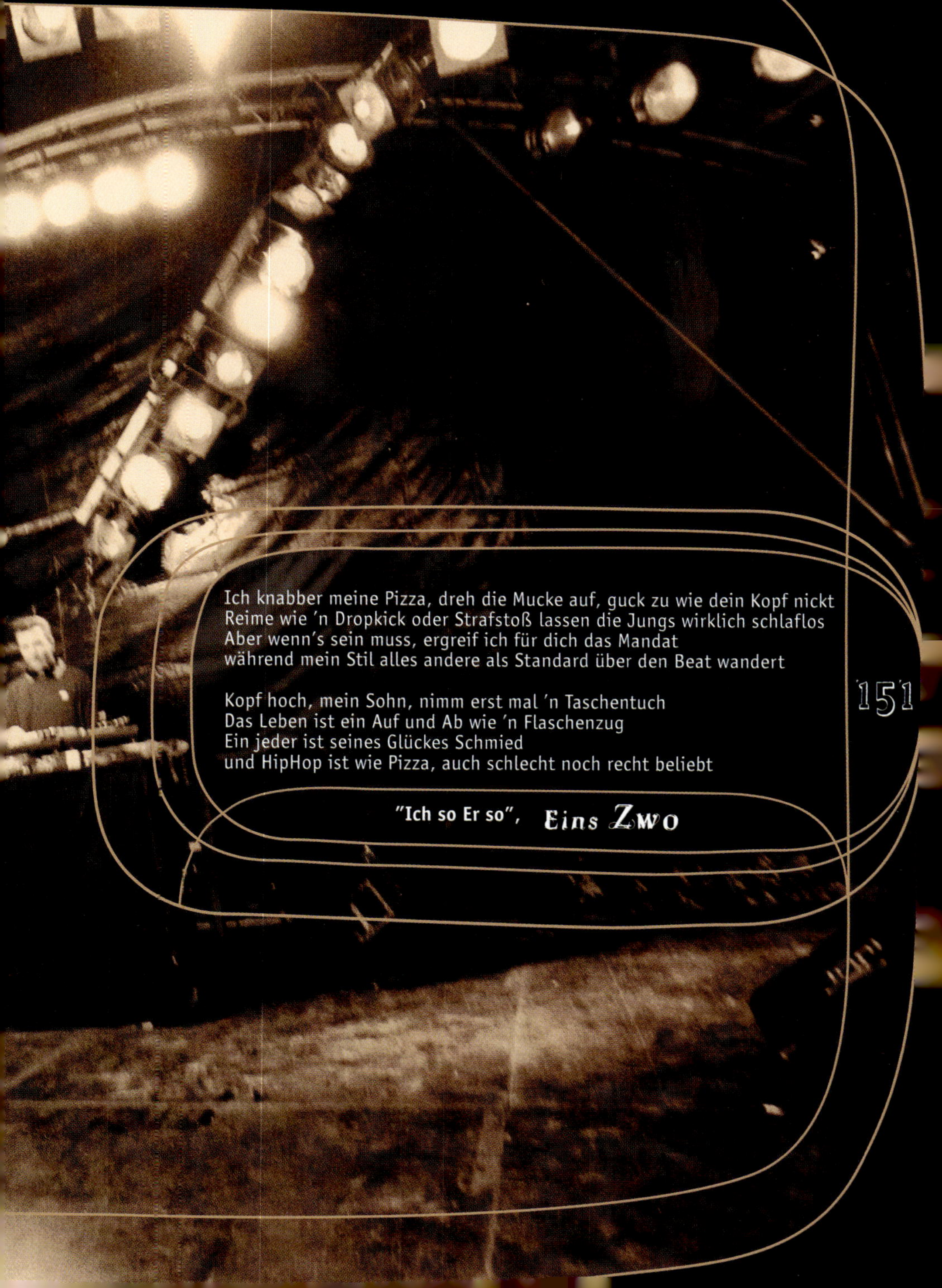

Ich knabber meine Pizza, dreh die Mucke auf, guck zu wie dein Kopf nickt
Reime wie 'n Dropkick oder Strafstoß lassen die Jungs wirklich schlaflos
Aber wenn's sein muss, ergreif ich für dich das Mandat
während mein Stil alles andere als Standard über den Beat wandert

Kopf hoch, mein Sohn, nimm erst mal 'n Taschentuch
Das Leben ist ein Auf und Ab wie 'n Flaschenzug
Ein jeder ist seines Glückes Schmied
und HipHop ist wie Pizza, auch schlecht noch recht beliebt

"Ich so Er so", Eins Zwo

152

Wie jetzt

Dynamite Deluxe

Musik & Text: Samy Sorge, Kaspar Philip Wiens, Jochen Niemann

Flow

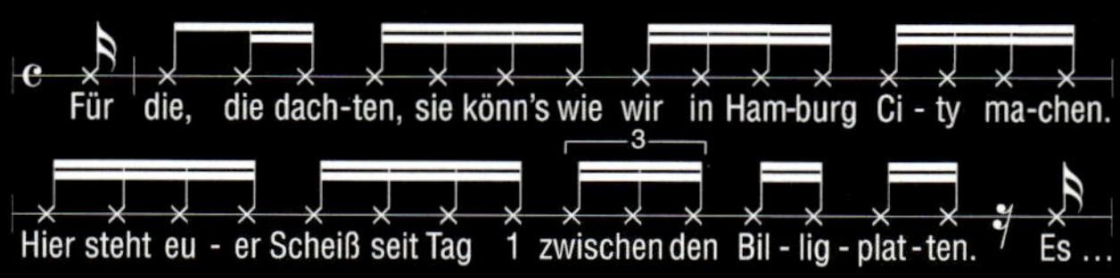

Wie jetzt

Dynamite Deluxe

Wie jetzt?
Für die, die dachten, sie könn's wie wir in Hamburg City machen
Der Alles-andere-in-Schatten-Steller jetzt auf dem Plattenteller
bei mei'm Flow nicken Köpfe sogar zum a cappella

Ich sag, wie jetzt? Ihr Typen wollt rappen wie ich?
Deluxemäßig flown, Styles kicken wie ich?
Wie jetzt? Ihr Typen wollt schreiben wie ich?
Die Leute live rocken, nur bleiben sie nicht
Ich sag, wie jetzt? Ihr Typen wollt rappen wie ich?
Deluxemäßig flown, Styles kicken wie ich?
Wie jetzt? Heutzutage will jeder mitspieln:
MC'n und DJ'n, nur leider geht da nicht viel!

Für die, die dachten, sie könn's wie wir in Hamburg City machen:
Hier steht euer Scheiß seit Tag eins zwischen den Billigplatten
Es gibt einfach zu viele von euch penetranten Dilettanten
die meinen, dass sie 'n neuen Stil erfanden und fett komm' wie Elefante
In euern billigen Raps auf unchilligen Tracks
redet ihr über's "realkeepen", Gewalt, Phillies und Sex
Was an sich nicht schlimm ist, doch ich weiß, ihr lügt wie gedruckt
und könnt es nicht mit Skills ausgleichen, denn ihr übt nicht genug
Ihr Wannabe-Stars, fliegt selbst doch noch Economy-Class
Doch posed auf Xtra-Large und hofft so, ihr kommt in die Charts
Ihr wollt es weit bringen? Dann ist mein Tip: Habt besser Geduld
und wenn es live nicht tight klingt, gebt nicht dem Mischer die Schu
Und, einige von euch: ich hör ja, dass ihr fette Beats habt
nur fehlt's euch wohl an Raps, soviel MCs, wie ihr euch featured
Ich weiß, eigentlich gehört das schon zum Pflichtprogramm
doch für andere MCs auf meiner LP rap ich zu lang

Ich sag, wie jetzt? Ihr Typen wollt rappen wie ich?...

Wie jetzt? Ihr Typen habt noch immer nicht genug gekriegt?
Eure Outfits sind lächerlich, eure Bewegungen schwuchtelig
Eure Show wirkt vom Ablauf her eher wie 'n Soundcheck
und obwohl da 'n paar Typen rappen, hört's sich an wie Frauenrap!
Auf Platte meint ihr, ihr burnt, doch kocht live auf Sparflamme
kommt auf der Bühne rüber, als ob ihr schlafwandelt
Dass ihr Typen euch HipHop nennt, ist fast schon Blasphemie
Nach eurer Show holen Leute sich statt eurer Platten Aspirin
Im Video Mafioso, meint eure Posse ist loco
doch wenn ihr mich seht, geht ihr gebückt wie Quasimodo
Euer HipHop-Repertoire ist dünn wie Spaghetti
noch nie gehört von Rock steady, ihr kennt Rap seit Puff Daddy
Wisst nix über Graffiti, rappt lieber vom Teuren-Wagen-Fahrn
und Markennamen, zu viele Rapper, die nix zu sagen haben
Hört zu ihr Popper, ich scheiß auf alle, die mit sowas prahlen
ich respektier Jungs, die noch nachts rausgehn und Wholecars malen

Ich sag, wie jetzt? Ihr Typen wollt rappen wie ich?...

Wie jetzt? Ihr Typen wollt rappen wie ich? Styles kicken wie ich?
Deluxe sein am Mikrofon wie ich, smooth über Beats flowen wie ich?
Wie jetzt? Ihr wollt rappen wie ich?
Die neuesten Styles kicken wie ich?
Wie jetzt? Heutzutage will jeder mitspielen:
DJ'n und MC'n, nur leider geht da nicht viel!

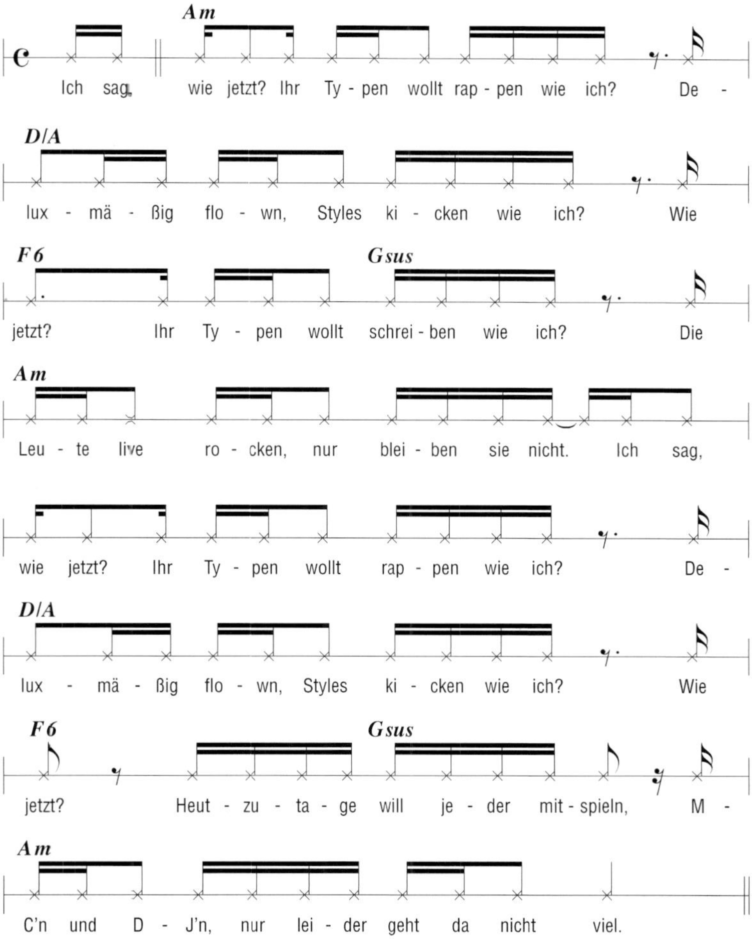

Beats

Der Refrain „Ich sag, wie jetzt ? Ihr Typen ..." wird durchgängig gerappt. Das rhythmische Schema bleibt in allen Takten ähnlich, dadurch wird der Refrain sehr eingängig.

Die Beats basieren auf dem viertaktigen Harmonieschema // Am / D / F6, Gsus / Am //, das vom Keyboard mit dem Sound eines Orchester-Hits gespielt wird. Der „Orchester-Hit" gehört in der Regel zum Keyboard-Klangrepertoire. Beim „Orchester-Hit" besteht ein angeschlagener Ton meist schon aus einem ganzen Dur- oder Moll-Akkord, so dass hier nur ein bis zwei Töne ergänzt werden müssen, um die notierte Harmonie zu erhalten. Der Bass folgt nicht immer den Akkorden des Harmonieschemas, sondern behält im zweiten Takt den Grundton A bei, während das Keyboard auf D wechselt. Die Gitarre spielt während des gesamten Patterns den selben Ton, ein „a"

Weil sie praktisch nur im Refrain spielt, sorgt sie für die klangliche Abgrenzung zwischen Vers und Refrain.

„Wie jetzt" ist ein programmiertes Stück, das – zumindest was das Schlagzeug angeht – live nicht so spielbar ist.

Beim Drumset wäre es denkbar, z. B. nur den ersten Takt zu spielen und dort gegebenenfalls einige der Sechzehntelnoten wegzulassen.

Die Gitarre spielt abgedämpfte Single-Notes. Die Figur kann sowohl auf der E-Gitarre als auch auf dem Keyboard gespielt werden. Unter Bezeichnungen wie z. B. „Mute Gtr" finden sich solche Sounds in den meisten Keyboards.

Jein 157

Fettes Brot

Flow

Musik & Text: B. Lauterbach, M. Schrader, B. Warns

Jein

158

Fettes Brot

Es ist 1996 meine Freundin ist weg und bräunt sich in der Südsee. Allein? Ja, mein Budget war klein
Na fein! Herein, willkommen im Verein!
Ich wette, heute machen wir erneute fette Beute
treffen seute* Bräute und lauter nette Leute
Warum dauernd trauern?
Wow, schaut euch diese Frau an!
Schande, dazu bist du imstande?!
Kaum ist deine Herzallerliebste aus dem Lande
und du hängst denkst längst an 'ne Andre
Was soll ich denn heulen?
Ihr wisst, dass ich meiner Freundin treu bin
Ich bin brav aber ich traf eben my first love
Ich darf doch nur im Schlaf
doch auf sie war ich schon immer scharf
Habt ihr den Blick geahnt
den sie mir eben durchs Zimmer warf!
Oh, mein Gott, wat hat der Trottel Sott**
What a Pretty Woman
das Glück is' mit die Dummen
Wenn ich die stummen Blicke schicke
sie wie Rummenigge kicke, meint ihr checkt sie das?
Du bist durchschaubar wie Plexiglas!
Uh, sie kommt auf dich zu:
Na Kleiner, hast du Bock auf Schweinereien
Ja klar, äh nein, ich mein – Jein!

Soll ich's wirklich machen oder lass ich's lieber sein? – Jein

Ich habe einen Freund – Ein guter? – sozusagen, mein bester
und ich habe ein Problem
ich steh auf seine Freundin. Nicht auf seine Schwester?
Würd ich auf die Schwester stehen, hätt ich nicht das Problem
das wir haben, wenn er, sie und ich uns sehen
Kommt sie in den Raum, wird mir schwindelig.
Sag ich, sie will nichts von mir, dann schwindel ich
Ich will sie, sie will mich, das weiß sie, das weiß ich
Nur mein bester Freund, der weiß das nicht
Und somit sitz ich sozusagen in der Zwickmühle
und das ist auch der Grund
warum ich mich vom Schicksal gefickt fühle
Warum hat er die schönste Frau zur Frau?
Mit dem schönsten Körperbau! – Und ist sie schlau? – Genau!
Es steigen einem die Tränen in die Augen, wenn man sieht
was mit mir passiert und was mit mir geschieht
Es erscheinen Engelchen und Teufelchen auf meiner Schulter
Engel links, Teufel rechts:
'Lechz, nimm dir die Frau, sie will es doch auch
Kannst du mir erklären, wozu man gute Freunde braucht?'
'Halt, der will dich linken', schreit der Engel von der Linken
‚Weißt du nicht, dass sowas Scheiße ist und Lügner stinken?'
Und so streiten sich die Beiden um mein Gewissen
Und ob ihr's glaubt oder nicht, mir geht es echt beschissen
Und während sich der Teufel und der Engel anschreien
entscheide ich mich für Ja, Nein, ich mein – Jein!

Soll ich's wirklich machen oder lass ich's lieber sein? – Jein

Ich schätz, jetzt bin ich der Solist in unserem Knabenchor
– Ey, Schiff, was hast denn heute Abend vor?
Ich mach hier nur noch meine Strophe fertig
pack meine sieben Sachen und dann werd ich
mich zu meiner Freundin begeben
denn wenn man ehrlich gesteht
sind solche netten, ruhigen Abende eher spärlich gesät
– Aha, dabei biste eingeladen
auf das beste aller Feste auf der Gästeliste eingetragen!
– Und wenn du nicht mitkommst dann hast
du echt was verpasst. Und wen wundert's?
Es wird fast die Party des Jahrhunderts
Mmh, Lust hätt ich ja eigentlich schon!
Oh, es klingelt just das Telefon
– Und sie sacht, es wär schön
wenn du bei mir bleibst heut nacht
Ich dacht, das wär abgemacht?
Wisst ihr, ich liebe diese Frau und deswegen
komm ich von der Traufe in den Regen
– Na, was ist nun Schiffmeister
kommst du mit, du Kollegenschwein
Ja, äh Nein, ich mein – Jein!

Soll ich's wirklich machen oder lass ich's lieber sein? – Jein

* süß
** Glück

Beats

Das nebenstehende Beats-Pattern stellt den Basis-Groove dar.
Die Instrumenten-Stimmen – besonders Gitarre und E-Piano – variieren ihre Parts.
Auch setzen immer wieder einzelne der notierten Stimmen für kurze Zeit aus.

Die Trompete spielt beispielsweise nur im Refrain und füllt dort eine lange Pause der Gesangsmelodie.

Beim E-Piano spielt die linke Hand die Bassstimme mit.
Die Gitarre spielt mit cleanem „Strat-Sound" (erinnert im Klang ein bisschen an Bonanza). Der Bindebogen (nicht zu verwechseln mit dem Haltebogen) zeigt an, dass auf derselben Saite zum nächsten Ton „gerutscht" wird.
Nachdem die Gitarre dreimal dasselbe Motiv gespielt hat, wird in der vierten Phrase die rhythmische Betonung umgedreht – was nicht ganz leicht ist.

Liebes Lied

Beginner

161

Text: Jan Phillip Eißfeldt, Dennis Lisk

Musik: Jan Phillip Eißfeldt, Dennis Lisk, Guido Weiß

Liebes Lied

'62

Beginner

Ihr wollt ein Liebeslied, ihr kriegt ein liebes Lied
Ein Lied, dass ihr liebt

Das ist Liebe auf den ersten Blick
nicht mal Drum 'n' Bass hält jetzt mit deinem Herzen Schritt
Du hast deinen Schatz gefunden ohne lang zu buddeln
Bock, ihn in den Arm zu nehmen und stundenlang zu knudde
Voll erwischt, du Fisch zappelst am Haken
heute nacht wirst du im Zelt vorm Plattenladen warten
dabei ein Radio, falls es noch mal wiederkommt
Spontanes Desinteresse an all den anderen Liedern prompt
die alle gleich aussehn und zuviel Schminke nehmen
Aus fünfzig Wörtern wählen, um das Gleiche zu erzählen
Mit Schönheitsoperationen an digitalen Konsolen
Stylemäßig immer wieder gut beraten von Polen
Für dich gibt's nur noch eins und sonst keins
Und hält jemand nicht deins für Nummer eins
siehst du rot wie Heinz und sperrst ihn ein
Quälst ihn mit Simple Minds, bis er weint
Gefährliche Liebschaften
Doch du hast keine Schuld, dafür muss das Lied haften
Deine Ohren fühlen sich wie neugeboren, jeden Tag
und du fragst dich, kann man auch Tracks heiraten in Dänem

Unser Beat hat Boom gemacht
und es hat Zoom gemacht

Ihr wollt ein Liebeslied, ihr kriegt ein liebes Lied ...

Hast du im Leben nix in petto, ist alles Ghetto
Das heißt Glück brutto und Frust netto
Und im Gesicht 'n Tränentattoo, ey, dann wird's Zeit für Musi
weil dann tanzt du und fliegst durch die Plattenboutique
Und ist deine Freundin weg, das heißt deine Ex
ist der Griff zum lieben Lied der Beginner dein Reflex
Nicht mehr Seiten, sondern Sprünge auf der Platte
kommt vor, bleib entspannt, kauf 'ne Neue, ist doch Latte
Und sieht dein Leben manchmal doof aus
mach's wie ich, hol mein' Philosoph raus, schreib 'n Text,
komm dann groß raus
Du bist in mich verschossen, mein Pfeil hat dich getroffen
Nun bist du im Beginner-Rausch, früher warst du besoffen
Von zu vielen Produzenten, denn egal, wie sie's schrauben
nur dünne Tracks und Rap mit Pipi in den Augen
Deswegen drück ich selten auf die Tränendrüse
gar nicht in den Charts-Stehen übe

Ihr wollt ein Liebeslied, ihr kriegt ein liebes Lied ...

Ich liebe dieses Lied
du hast mir gut gefallen

Beats

In Liebes Lied werden im Gegensatz zu den meisten Rapsongs neben dem gesungenen Intro und Refrain „Ihr wollt ein Liebeslied ... werdet verliebt" auch die Strophen in einer Mixtur aus Gesang und Rap vorgetragen.

Auf den beiden folgenden Seiten wurde daher das Stück bis zum ersten Refrain voll ausnotiert. Auf die Notation des Flows wurde deshalb verzichtet. Bei der zweiten Strophe steht dann der Rap im Vordergrund, so dass sie nicht aufgeschrieben wurde. Nebenstehend oben links ist nochmals der Refrain abgedruckt.
Die Beats bestehen im wesentlichen aus nur einem Pattern, das aber in der Strophe etwas ausgedünnt wird. Die Orgel variiert ihren Part immer etwas und der Synth agiert nur in Intro und Refrain.

Intro, Strophe 1, Refrain

Liebes Lied

Beginner

Hast du im Leben nix in petto, ist alles Ghetto
Das heißt Glück brutto und Frust netto
Und im Gesicht 'n Tränentattoo, ey, dann wird's Zeit für Musik
Weil dann tanzt du und fliegst durch die Plattenboutique
Und ist deine Freundin weg, das heißt deine Ex
Ist der Griff zum lieben Lied der Beginner dein Reflex
Nicht mehr Seiten, sondern Sprünge auf der Platte
Kommt vor, bleib entspannt, kauf 'ne Neue, ist doch Latte
Und sieht dein Leben manchmal doof aus
Mach's wie ich, hol mein' Philosoph raus, schreib 'n Text,
komm dann groß raus
Du bist in mich verschossen, mein Pfeil hat dich getroffen
Nun bist du im Beginner-Rausch, früher warst du besoffen
Von zu vielen Produzenten, denn egal, wie sie's schrauben
Nur dünne Tracks und Rap mit Pipi in den Augen
Deswegen drück ich selten auf die Tränendrüse
Während ich in den Charts stehen übe

Tanz mit mir

Ferris MC

167

Musik: Tobias Schmidt **Text:** Sascha Reimann

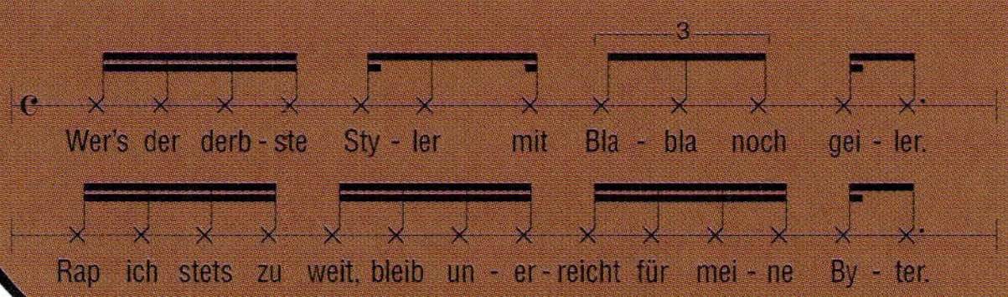

Flow

Tanz mit mir

Ferris MC

168

Wer is' der derbste Styler mit Blabla noch geiler
rap ich stets zu weit, bleib unerreicht für meine Byter
Da die Versuche mich zu toppen oder stoppen floppten
is' es öffentlich, aus der Schattenwelt ans Sonnenlicht
Ein neues Raplevel über Tracks wie Trips so dope
wie Cannabis, frisch geworfen, weil mein Hirn ständig schwanger is'
Highquality gibt's gegen bar, nie auf Credits
My Style is not for free sondern teuer weils nicht billig ist
Legal, illegal, scheißegal wie Moral!
Das ist mein Geschäft. Ich bin mein eigener Chef und
pass in kein Passepartout, ich bin ich, du bist du
Bei meinen Rap-Rendezvouz gibt es weder Grenzen noch Tabus
dazu bin ich dran, bin ich anders als die anderen drauf
Mein Lebenslauf lang seh ich anders als die andern aus
Dein realster Alptraum bleibt wach, bis du liebst was er hat
Geb ich an, niemals auf, ob bei Tag oder Nacht

Komm Baby, Baby, tanz mit mir
zieh dir das hier ganz tief rein, inhalier
Du willst die derben Styles, ich gehör zu dir
Also komm Baby, Baby und tanz mit mir
Komm Baby, Baby, tanz mit mir
zieh dir das hier ganz tief rein, inhalier
Vergiss die Raptucken jetzt und hier
Komm Baby, Baby, tanz mit mir

Mein Style ist Livestyle und dies ist mein Jahr
O – A, Ferris is da!
Weil ich derbe abgeh und die dicksten Dinger dreh
Sind die Augen rot, mach ich blau bis sie schwarz sehn
An deiner Nadel hängt der härteste Shit:
DJ Stylewarz plus Ferris MC ist der neue Hit
Zum Frühstück Penthouse Beats wie Alkoholiker irgendwie höher
Komm Baby, Baby, tanz mit mir
Statt Komplexe direkte Texte in Form von Bildern
Is' alles möglich, meine Droge nie tödlich aber nötig
Zeitlos für die Ewigkeit, ich leb nicht ewig
aber ewig breit, nicht nur auf Vinyl weltweit
Sobald ich's Mikro live teste, wissen meine Gäste
Ferris ist der Beste, der Rest nur Reste!
Statt lang und langweilig, lebe ich lieber kurz und heftig
Erst Spaß dann Vergnügen, auf'n Tod wart ich echt nicht
Das Derbste aus 'm Untergrund, mein Lebensstil ungesund
Unbrauchbar für Zivildienst, untauglich für 'n Bund
Der Grund ist einfach, Freaks folgen wie Tiere ihrem Instinkt
Assis lügen, Baby, wenn die Wahrheit nix mehr einbringt
Bin ich'n Arsch? Xtra XtraLarge so fett
wie der Sound klingt? Bis jeder hört, wie mein Scheiß stinkt?
Ein gebranntes Kind ist durch den Glauben an sich weder taub
stumm noch blind, weil ich mit allen Wassern gewaschen worden bin

Komm Baby, Baby, tanz mit mir ...

Beats

Die untenstehenden Beats stellen die Basis für das gesamte Stück (Refrain und Verse) dar. Sie sind relativ komplex aufgebaut.
Die musikalische Wirkung der Beats beruht auf ihrer Zweiteiligkeit: In den beiden ersten Takten dominiert die E-Gitarre, in den Takten drei und vier das Piano. Der Synth tritt im Refrain hinzu. Bass und Drums sind programmiert und in dieser Gestalt live nicht spielbar. Beim Bass handelt es sich um einen Synth. Um die Figur auf einem E-Bass zu spielen, wäre ein Fünfsaiter erforderlich. Ein Oktavieren der tiefen Töne sollte vermieden werden, denn das Stück würde dadurch an Druck verlieren. Falls das Schlagzeug doch live gespielt werden soll, müsste sich der Spieler entweder für Hihat oder Ride-Becken entscheiden, beides gleichzeitig ist nicht möglich. Da auch die Schlagzeugfigur äußerst schwierig ist, wird man hier um eine Vereinfachung kaum herumkommen, indem z.B. nur die Figur des ersten Takts (ohne Becken) gespielt wird.
In der Aufnahme von Ferris gibt es im ersten Vers noch eine Variation, auf deren Abdruck verzichtet wurde, weil sie für den Song nicht zwingend nötig ist.

Ja, Ja, deine Mudder

Fünf Sterne deluxe

Musik & Text: Tobias Schmidt, Mirko A. Bogojevic, Marc Clausen, Mario Cullmann

Flow

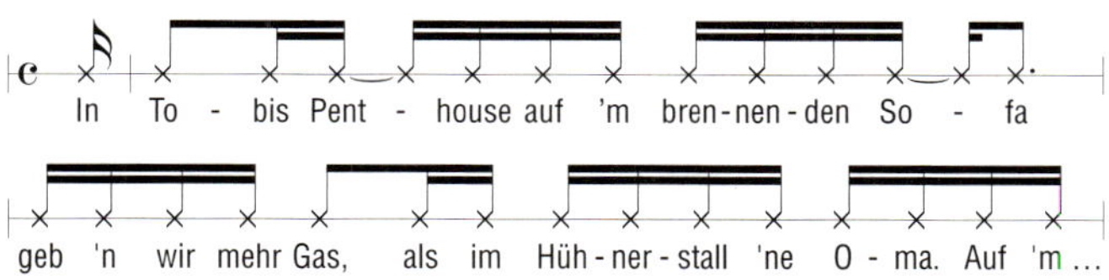

Ja, Ja, deine Mudder

Fünf Sterne **deluxe**

Ja, ja, wir sind strange, alle vier extrem labil
Ja, ja, wir machen Musik ohne Anspruch ohne Ziel
Ja, ja, wir sind charakterlos und uns fehlt Profil
Ja, ja, haha, deine Mudder
Ja, ja, jede will uns gleich, wenn sie uns sieht
Ja, ja, es ist der Teufel, der bei uns die Fäden zieht
Ja, ja, alles was bei uns zählt, ist der Profit
Ja, ja, haha, deine Mudder

In Tobis Penthouse auf 'm brennenden Sofa
geb'n wir mehr Gas, als im Hühnerstall 'ne Oma
Auf 'm Horrortrip wie Hackethal als Nackedei mit Hackebeil
Wer wir sind? Wir sind die Guten mit Style
Wir sind die Vier wie Dynamit auf einer Reise ins Hirn
und wenn ihr wollt, dann kommt ihr mit – es wird euch sicher interessier
denn wenn wir hörn, dass Leute denken, dass wir nicht ganz dicht sind
und andre Leute sagen, dass wir immer nur dicht sind
dann glauben wir beiden oder keinem und sind Heiden
Wir machen weiter mit dem Schreiben neuer Wahnsinnigkeiten
Wir pfeifen uns ein' rein und lachen derweil
weil ich Kredit krieg durch Flash, ich Status durch Style
Schwarzes Gold is' Vinyl, Diamanten nur als Nadel
und die mit dem meisten Style gehörn zum Hochadel
Ob wir jetzt die geilen Typen sind, Alter? Sicher!
Denn wir machen für euch Unverständliches sichtbar

Du weißt, vier Typen mit 'm großen Ego
setzen spielend Stücke zusamm'n, wie Kinder Lego
Du denkst, keinem von den'n würd ich über 'n Weg traun
die sind ja total druff, weil sie unentwegt baun
Du sagst, haha, ganz lustig, was ihr da macht
aber ihr wirkt auf mich, wie ausgedacht

Ja, ja, wir sind strange, alle vier extrem labil, ...

Ey, ich will ja echt nich nerven. – Tust du aber! Suchst Gelaber!
Um deinen Freunden zu erzählen, wie der Superstar war
Eingebildet, arrogant, überhaupt nicht entspannt
Kein Wunder: du kennst uns nicht, du hast uns nur erkannt
Alle andren die uns kenn', komm'n nach Hamburg zum Campen
weil sie denken, diese Stadt kann ihnen unser Können schenken
Wir schenken ein und aus, checken ein und aus
wer flasht und Hamburg kennt, kommt hier nich mehr raus
Ihr fahrt nach Haus, frustriert, weil bei euch nix passiert
ihr habt den Flash nicht gelebt, ihr habt das Flashen imitiert
Limitiert durch Meinungsmacher, deine Mudder und Kollegen
Wir hab'n keine Probleme mit Gewicht und Körperpflege
Wir Lebemänner kümmern uns 'nen Scheißdreck um Kleinkram
und selbst den „gut gemeinten Rat" könnt ihr euch bidde einsparn
Wir saufen uns Probleme schön, rauchen unsre Zweifel
Fünf Sterne sind so lustig, wie der schiefe Turm von Eiffel

Du weißt, vier Typen mit'm großen Ego
setzen spielend Stücke zusamm'n, wie Kinder Lego
Du denkst, keinem von den'n würd ich über'n Weg traun
die sind ja total druff, weil sie unentwegt baun
Du sagst, haha, ganz lustig, was ihr da macht
aber ihr wirkt auf mich, wie ausgedacht

Ja, ja, wir sind strange, alle vier extrem labil, ...

Beats

Der Refrain basiert auf einem call and response: „Ja, ja" wird von allen gesprochen (call) und ein Solist antwortet (response).

Die Beats umfassen vier Takte und gelten für Vers und Refrain zugleich. Die Instrumentierung ist spartanisch und beschränkt sich im Wesentlichen auf Bass und Schlagzeug, das Keyboard kommt erst im Refrain dazu; gelegentlich dient es im Vers als Klangvariation.
Die Begleitung ist zwar programmiert bzw. gesampelt, lässt sich aber auch gut live spielen. Beim Drumset sind nur die Sechzehntel-Noten der Bass-Drum etwas schwieriger, sie können gegebenenfalls weggelassen werden.

Spielt man den Bass-Part auf einem E-Bass, handelt es sich immer um dasselbe Griffschema, nur im zweiten Teil um einen Bund nach oben versetzt. Ebenso ist auch die Keyboard-Figur in Takt drei und vier dieselbe, nur um einen Halbton transponiert. Allein der Shaker lässt sich live nicht so spielen. In diesem Fall ist es besser, durchgehende Achtel zu spielen, bei denen immer der Off-Beat betont wird. (z. B. Shaker bei Off-Beats vom Körper weg schlagen oder in die Handfläche schlagen).

< Ferris MC

Dendemann >

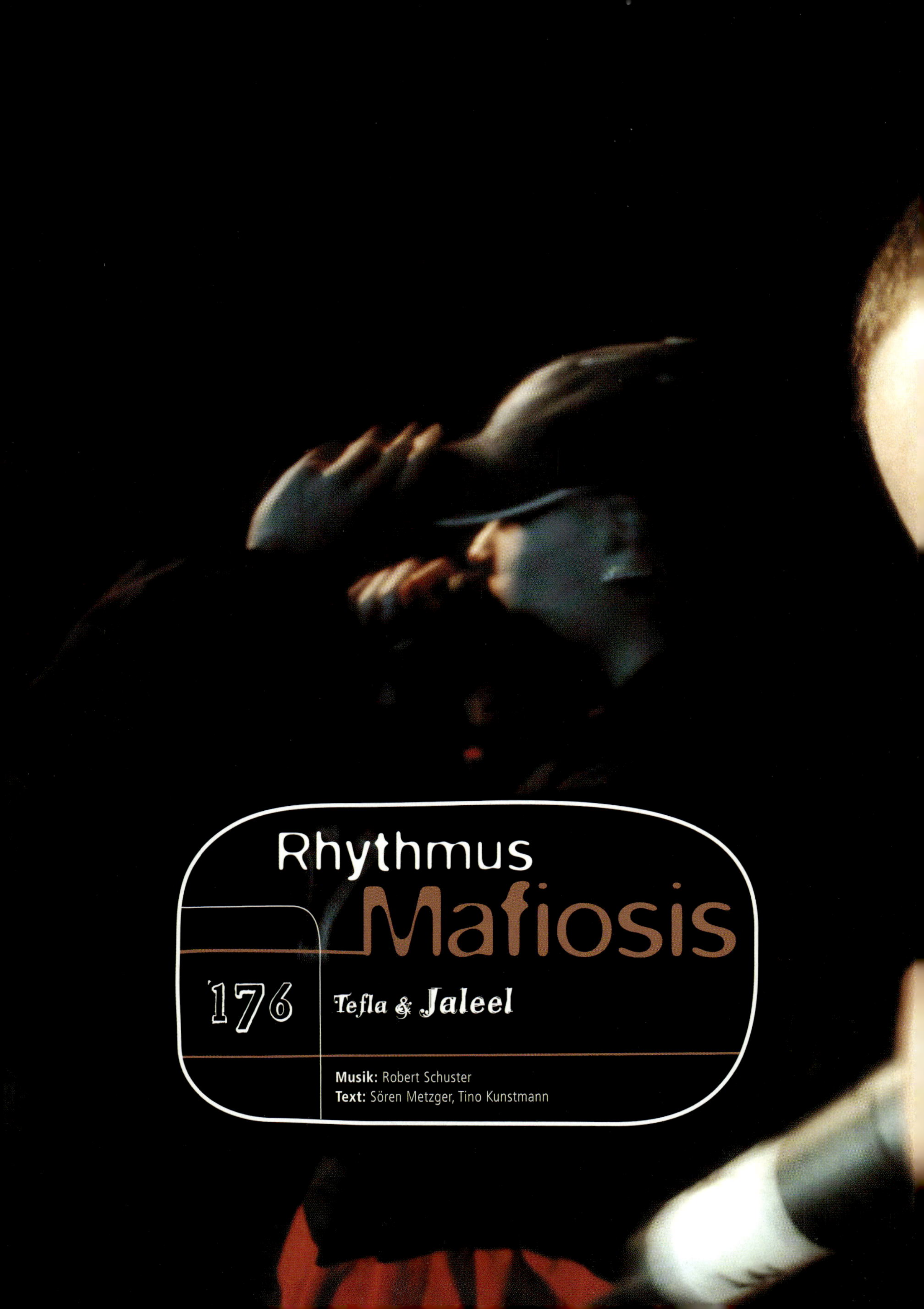

Rhythmus Mafiosis

176

Tefla & Jaleel

Musik: Robert Schuster
Text: Sören Metzger, Tino Kunstmann

Sergio Teflatsche, Jungs macht mal kein Zinnober
Soda ist fehl am Platz, Mann, wie 'n Ober bei der Mitropa
Wir stoßen richtig an mit Don P. und Hennessy
Rotkäppchen-Sekt oder Whiskey aus Tennessee
Ja Mann. Und wenn du fragst
"Gibt's denn was zu feiern?" Na weiß der Geier!
Skills, die mehr brenn', als Zahnpasta auf den Eiern
Sieh ruhig hin wie dein Kartenhaus zusammenbricht
Am Ende bin ich's, dessen Track man als Gedicht
dem Weihnachtsmann aufspricht. Und zwar in jedem Jahr
Ich warne MCs mit Goldkettchen und gegeltem Haar
Ihr seid so Old School, die Erfinder des Wagenrads
Ihr habt schon gebreakt, Mann, 44 vor Stalingrad
Ich lass euch braun aussehen und jag euch durch die Esse
und nichts ist schlimmer als ein Knöllchen von der Teflatesse
Ich tapezier mit Strafzetteln deine Wagentür
mein Motto war: I eat MCs, jetzt hab ich ein Magengeschwür
Man empfiehlt mir zur Schonkost den Rapper an Rohkost
den lass ich lieber weg, denn der ist fresh wie von Bofrost
Ich grüße Jungs, die mit Fatcaps auf Sprühflaschen
Wände brushen, Weed im Papier naschen
die im BMW der Eltern um die Blöcke fahrn
G-Shock am Arm, Pelle Baggys und Tarn

Tefla Jaleel, Cocktail Twins, Rhythmus Mafiosis
spionieren im Show-Bizz wie bei Volkswagen Lopez
fetzen wie Atompilz
Zwei Rap-Profis, die wissen was los ist

Bruno Punani, Junge, härter als Salami aus Hungary
rap ich über Beats aus PC oder Atari
der Frank Farian des Rap macht Kassa bis zum get no
er gegen mich ist wie Tretboot gegen Jetboat
Ihr habt Rapnot, schreit nach Rap, bekommt kein Rap?
Doc Jaleel rettet euch mit First Aid Rap Set
Eure Rettung ist künstliche Berappung
Ich komm mit Punchlines, Junge achte auf deine Deckung
Nun geh mal lieber los und frag deinen Arzt oder Apotheker
weil die Mischung zwischen MC und Rechtsausleger
leicht zur Hürde wird für Battler, die mit A
Ihr habt zwar Charisma doch euch fehlt Vokabular
Ihr reimt Martina auf blondes Haar, na oijoijoi
Viel Glück auf deinem Weg in die Charts und toitoitoi
Du Toy kämpfst gegen Toys im Wald von Toydeburg
weil du dir das Bravo-Image einer Boy Group borgst
Zu viele Pullerbacken-MCs erklärt man zu echten Trendies
Ihr Style wär unerreichbar wie E-Plus-Handys
Ich komm aus Chemnitz, wo mehr los ist
als beim Ausverkauf bei Vobis
keep your Heads banging, weil das für mich mein Lob ist!

Tefla Jaleel, Cocktail Twins, Rhythmus Mafiosis
spionieren im Show-Bizz wie bei Volkswagen Lopez
fetzen wie Atompilz
Zwei Rap-Profis, die wissen was los ist

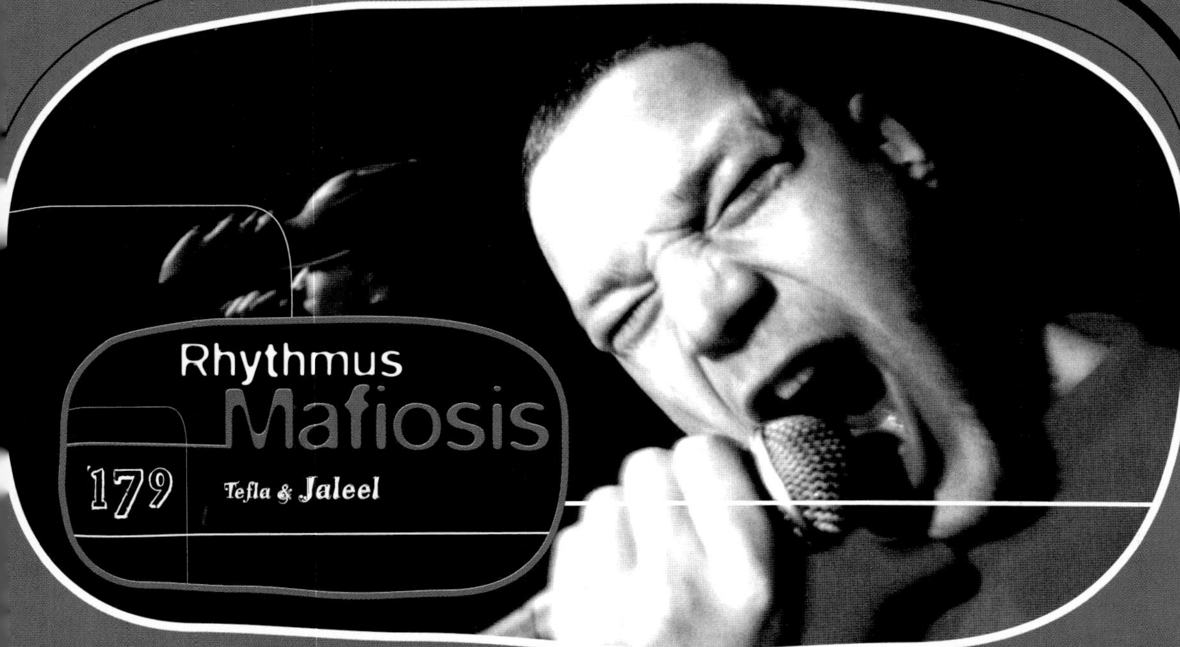

179 Rhythmus Mafiosis

Tefla & Jaleel

Ich erwisch Waschlappen mit Basekappen
rappen schlechte Texte um noch schlechtere zu toppen
Jaleel und Tefla gehen einfach tiefer
Mein Style ist Cannandale, deiner klingt nach Mifa
Im wesentlichen stehen wir nicht auf ekeligen Sound
der entstand beim Frühschoppen an Thekentischen
Du bist trotzdem Special, denn nicht jeder
hat Fans wie du, die eine Hälfte in Lack und Leder
und Federboa zu Gayhouse tanzend auf der Bar
die andere auf Mallorca fetet mit Sangria
Herzerwärmend im Dezember, Sommerhits im Juno
Sergio und Bruno scheuen weder LK noch KuKo
Man will connecten? GS und TÜV empfehlen Schuko
Du allein im Kämmerlein, dein Kopf nickt
Liegt das am Voodoo, den wir verbreiten, in allen Breitengraden
Man kann raten und sich dann entscheiden
aber kaum vermeiden, dass die Wahl auf unseren Scheiß trifft
was ich als Raplife krieg ist mehr Schrott
als Schweiß auf unseren Live-Gigs
Und das ist much, much more than you Quatsch quatschst
Und nicht lyrischer Touchdown
wenn du lyrisch down touchst!

Tefla Jaleel, Cocktail Twins, Rhythmus Mafiosis ...

Partner

180

TEIL 1

Creutzfeld & Jakob

Musik: Peter Streckovic
Text: Philipp Dammann, Laki Polichronidis

TEIL 1

Creutzfeld & Jakob

Flipstar: 2 Mann gegen den Rest, halt dich fest, weil mein Flow kein Platz zum Atmen lässt
Wir bewahren es serious wie ein Tribe called quest
Im Westen weht der Wind permanent, bis dein Arsch brennt
mein Partner rennt zum Korb, man, und ich mach den Assistent
Das fünfte Element ist Rap, zuviel Shit ist waccckk, doch dieser Track demonstriert dem Rest
es geht auch fett. Zu viele Rapper pissen im Sitzen und machen nur Dreck
ey, check Flipstar und freu dich auf den Flashback

Luke Stylewalker: Zuerst nehm ich mal dein Cash weg, ich brauch keine Wettstreits im Websides
ich rap Fights, bis ihr echt fett seid, ich sorg dafür, dass du tagsüber im Bett bleibst
ey wir sind's echt leid, ich bring Zeitlupenmoves in Echtzeit
Ich weiß, dass du Crack wegsteckst als wärst du so 'n wack crack mack
Luke überträgt Raps mit Fatcaps, während du noch nachts im Bett steckst, ey du jetlagst

Flipstar: Aight. Einer frisst den Staub und küsst den Boden
glaub mir, ich bleib oben, plus, ich such nach Wegen und Methoden gegen Vollidioten
Mich biten verboten, registrier das, ich verlier das Gleichgewicht
doch mein Schutzengel begleitet mich, drum fall ich nicht
Steinig ist mein Pfad, mein Partner deckt mein Rückgrad
und kommt es hart auf hart, ist Luke Stylewalker am Start

Luke Stylewalker: Mir folgen Neider tüchtig, einer machts richtig, die anderen eifersüchtig
leider flücht ich flüchtig, keiner trifft mich, denn mein Partner schützt mich
Meine Raps sind würdig sich zu merken, nicht merkwürdig
Hürden, die mich stärken, werden dürftig, dürft ich werken, dann ehrwürdig
Eher würd ich !!!! – Ich würg dich wirklich! – Ich wirk nich' wirklich, drum wirk nich' üblich
Ich kanns halt, ich üb nich' wirklich –

Flipstar: Ich und mein Partner arbeiten nie fair
Repertoire nie leer, bring mehr Styles als Files auf meinem Sampler

Luke Stylewalker: Ich enter denkbar, machs deiner Gang klar
denn ich bin Untergrundkämpfer, du kriegst viel Platz auf meinem Kriegsspielplatz
doch jeder von deinen Piepmatz- MCs denkt, er wär Beatnutz
drum mach ich erst deine MCs und dann dein Weed platt

Luke Stylewalker und Flipstar:
An die MCs: wir sind da, Flipstar und Stylewalker
schreit aight, wenn ihr bereit seid für mich und meinen Partner
Diese Höllenfahrt wird hart, wie die Kampfart, die ich mag
Zwanzig Uppercuts en garde, gottverdammt nochmal bleibt hart!

Flipstar: Ich bleib im Fokus im Fadenkreuz von Terroristen, ich steh auf Abschusslisten
von rechten Aktivisten, mich jagen Christen und Buddhisten in Seifenkisten
ey man, selbst Streifenpolizisten wollen Flipstar überlisten

Luke Stylewalker: Reiften zwischen Haifischen, begreifen Pfeifen, die verpfeifen
drehn endlos Schleifen unter Eisschichten, bis wir echten Scheiß sichten

Flipstar: Wir dichten und denken, richten und lenken
den gelben Wagen in den Straßengraben zum Überschlagen

Luke Stylewalker: Viele Brüder, die wir überragen, sagen:
Ich rock top secret, ich lieb den deep Shit, mal gucken, ob wir was übrig haben
Ich schlepp auf Partys Raps und Beats im Endeffekt Weed Infekt
bin weg, als wenn Luke tief drin steckt
mit Beats wie deep Impact mach ich dir Angst, als wär dein Kind weg

Flipstar: Phönix aus der Asche, meine Lunge ist voll Staub
pack die Nadel auf die Platte drauf und sieh meinen Scheiß in seinem Kreislauf
Lauf Partner, lauf, ich bin hinter dir und intervenier
Ich weiß, wer ich bin, denn ich weiß was ich repräsentier:
Stylewalker und Flipstar, Partner für immer
Creutzfeld und Jakob, es wird dunkel in deinem Kinderzimmer
Für immer und ewig leb ich meine Memorien auf Platte
ihr kickt die Reime heute, die ich schon vor drei, vier Jahren hatte

Luke Stylewalker: Verbrauch Sagen, für Rap Geschichten aus dem Bauchladen
da ich über meine brauchbaren Rauchwaren erzähl, brauch ich mehr als tausend Auflagen
Ich dämpf dein Streben und kämpf um Leben und wahres Reden
Nur die Wahren leben Einzelkämpferleben, ich bin so heiß, ich brenn bei Regen
was kann ich dafür, wenn bei deinem Blackbook jeder wegguckt
Lass mich in Ruh oder meine Crew rasiert deinen Dreadlock
Ich knack den Jackpot, hack den Laptop, mein Scheiß beweist mit Geist, dass Ruhrpott Rapgott

HIP HOP Dj's

Vinyl wird abgeschafft von der Industriemacht
genommen wird dem DJ der direkte Plattenkontakt
Und bitte wer bekam und bekommt diesen Verlust mit
zu jenem Augenblick?

„Gladiator auf Ewigkeit", Advanced Chemistry

TOMMY
BOY

Schwarzes Gold is' Vinyl, Diamanten nur als Nadel
und die mit dem meisten Style gehörn zum Hochadel

"Ja, ja, deine Mudder" – Fünf Sterne deluxe

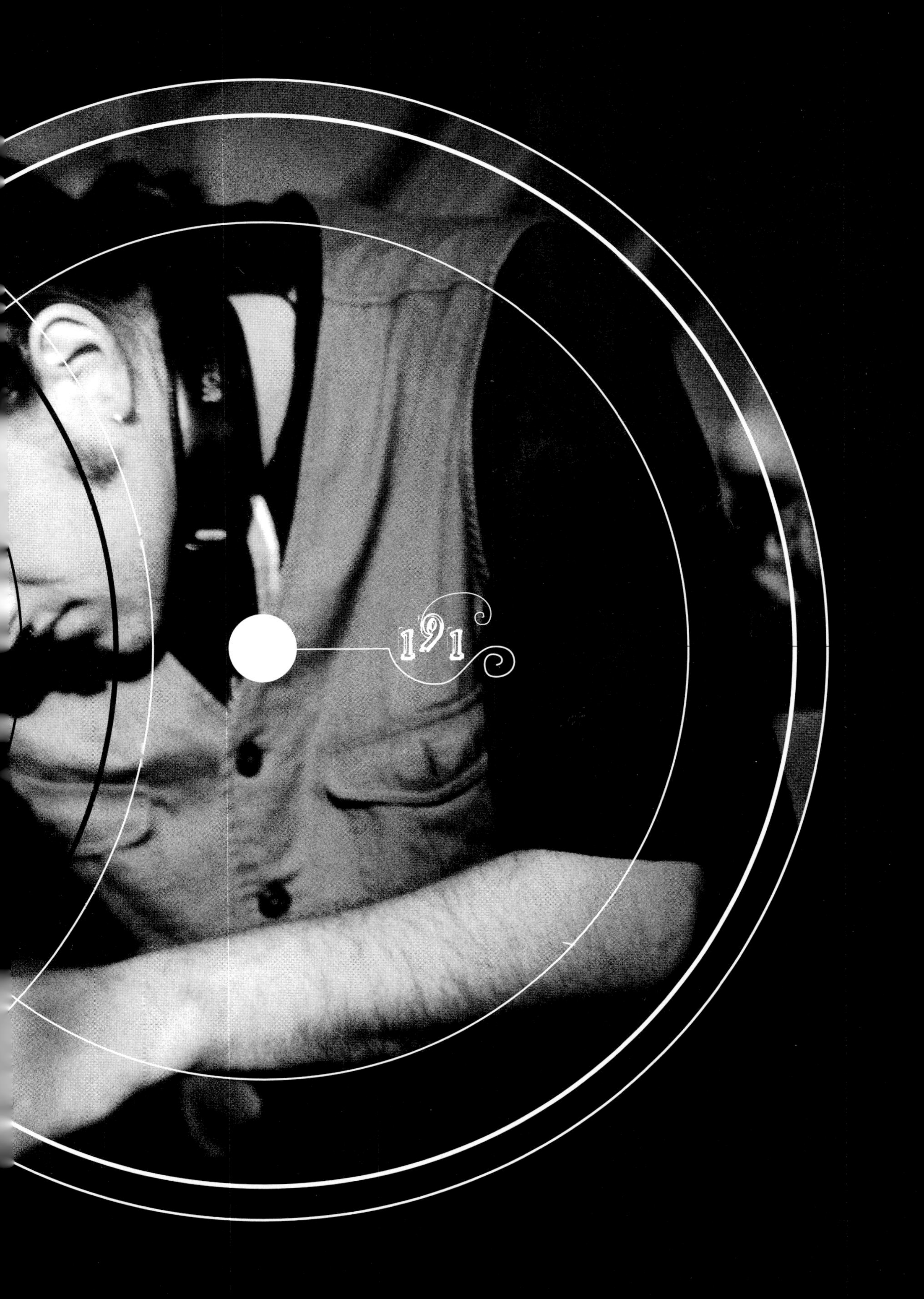
191

Bon Voyage

Deichkind feat. Nina

Musik: Phillip Grütering, Sebastian Hackert, Bartosch Jeznach, Malte Pittner
Text: Phillip Grütering, Sebastian Hackert, Bartosch Jeznach, Malte Pittner, N. Tenge

Flow

Wenn sich das Ni - veau hebt und es end - lich los geht,
guckt ihr, als wenn Ihr al - le hin - term Mond lebt.

Bon Voyage

Deichkind feat. Nina

Malte: Wenn sich das Niveau hebt und es endlich los geht
guckt ihr, als wenn ihr alle hinterm Mond lebt
Spürt ihr den Flow? Die Show geht jetzt los!
Raps kommen groß, ist es allen Recht so?
Fette Beats kommen in dein Ohr, wie Q-tips
Klingt gut, nicht? Komm näher, damit du Schub kriegst
Meine Crew frisst Mics zu Mittag, wie Schnittlauch
Sogar, wenn ich nüchtern bin, klinge ich, als wenn ich Shit
Wenn ihr Hits braucht, müsst ihr nicht Abba hören
denn hier kommen krasse Gören, die Mics wie Tabak burnen
Dieser Beat schlägt dein Trommelfell windelweich
denn wir lieben den Scheiß, wie kleine Kinder Klingelstreich

Nicke mit dem Beat und beweg dein Arsch
wenn das Deichkind am Mic ist – Bon Voyage!
Bitte gib mir mehr von dem heißen Scheiß
wenn ihr das spielt, werden meine Beine weich
Nicke mit dem Beat und beweg dein Arsch
wenn das Deichkind am Mic ist – Bon Voyage!
Bitte gib uns mehr von dem heißen Scheiß
denn wir kriegen nicht genug von diesen Deichkindstyles

Philipp: Check mal den aus, die Görn sind am Start ja
Ohne Fahrplan, weil wir sowieso schon da warn
Spitzt jetzt die Ohren, die Kids kommen groß raus
weil wir bei Showdown sind, sag ich dir Prost drauf
Wenn ich loslauf, sieht es für dich doof aus. Wort drauf!
Beats machen uns höher, als auf 'm Hochhaus
Ich bin so drauf, weil in diesen Kreis pass ich rein
also nick bitte, Digger, falls du weißt, was ich mein

Nicke mit dem Beat und beweg dein Arsch, ...

Nina: Jungs mit Bux tief schüttelt die Köpfe
Mädels mit Hot-Tops schüttelt die Zöpfe!
Vier Nordlichter geben sich hier heute die Ehre
also werft eure Hände in die Atmosphäre
denn das hier mutiert garantiert zum Dauerbrenner
Drei Deichkind-Sänger mit Nina auf einem Nenner
brennen wir länger, einen für Liebhaber, zwei für Kenner
Einmal drin, kriegst du nicht genug, wie Cliffhanger
Heute zerhacke ich meinen Satz, als wäre ich buzz à buzz
Das Deichkind-Piece ist der Anlass
also was? Junge was? Mädels gebt Gas!
Das ist zu krass, ey du, schwing, was du hast und buzz!

Nicke mit dem Beat und beweg dein Arsch, ...

Buddy: Seht Euch vor, denn hier kommt der Frechdachs
Die Beats treiben, wie Cowboys Rinder in Texas
„Check das!" Ich kleckere mit Worten so wie ein Dreckspatz
und sag „Piep-Piep, guten Appetit". Wie schmeckt das?
Wenn ich traditionsbewusst das Mikrofon benutz
kommt ihr nicht mehr runter, wie Junkies bei Drogensucht
Weil der Scheiß nach oben muss, wie Piloten in Jumbojets
machen wir in Puncto Rap die Tracks rund und fett!
Ihr kennt das, also warum guckt ihr so verdutzt
und tanzt so heftig, dass ihr mit euren Füßen den Boden sc
Macht den Walkman an! Wir füttern die Stöpsel
also, nickt jetzt mit dem Beat und schüttelt die Köpfe!

Nicke mit dem Beat und beweg dein Arsch, ...

Nicke mit dem Beat und beweg dein Arsch
wenn das Deichkind am Mic ist – Bon Voyage!

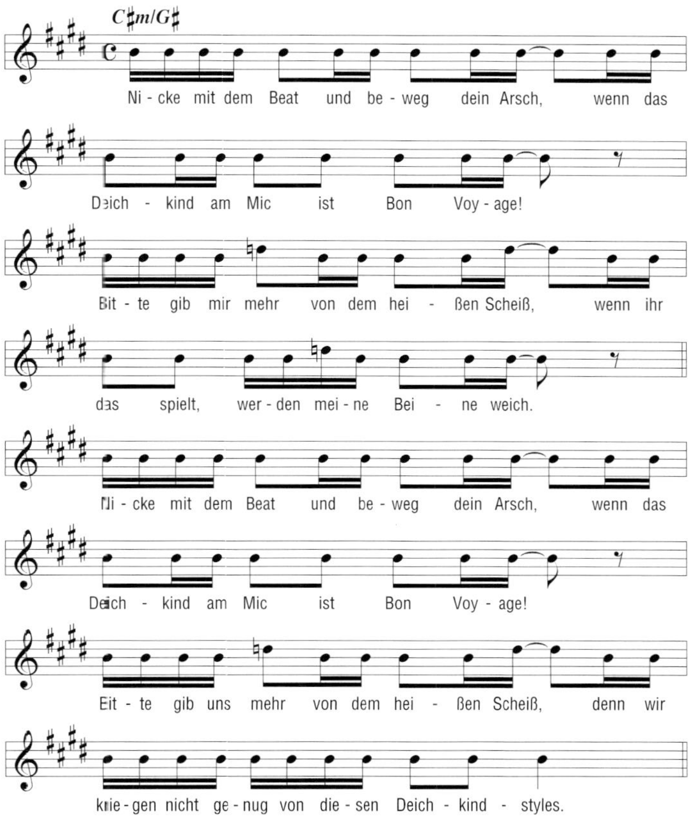

Beats

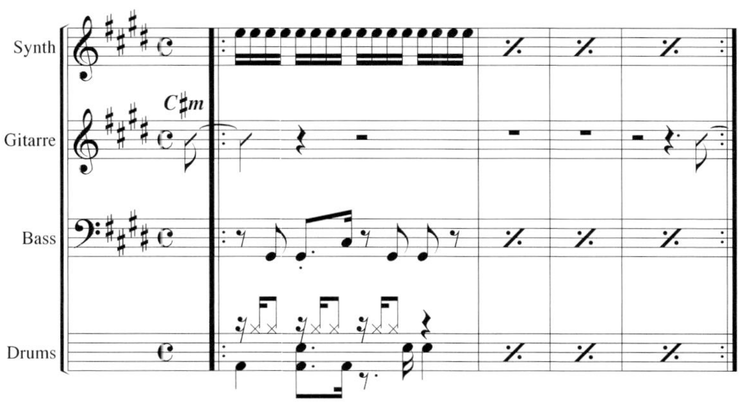

Bon voyage ist sparsam arrangiert und Nina trägt einen eingängigen Refrain vor. Das Beats-Pattern ist – bis auf die Gitarre – nur einen Takt lang. Man kann es programmieren oder auch live spielen.

Beim Schlagzeug werden sich viele Spieler wohl entweder die Bassdrum- oder die Hihat-Figur vereinfachen wollen, da beides zusammen nicht ganz leicht ist. Bei der Bassdrum könnte die Sechzehntelnote vor der „3" weggelassen werden, alternativ kann auch die Hihat zu durchgehenden Achteln vereinfacht werden. Um die ostinaten Sechzehntel des Synths von Hand zu spielen, muss der Ton mit zwei alternierenden Fingern gespielt werden. Dabei ist es wichtig, Betonungen auf den Taktschwerpunkten zu setzen, da es sonst schwierig wird, das Timing durchzuhalten. Darüberhinaus sollte der gehämmerte Synth-Ton nicht andauernd spielen, sondern gelegentlich aussetzen oder mal um eine Oktave transponieren. Den Zeitpunkt bestimmt der Spieler nach eigenem Ermessen.

RapSTAR

196

Lyroholika

Musik: Christian Eisenach, Martin Jungck
Text: Martin Jungck, Henrik Mühlenbein, Axel Albrecht

RapSTAR

Lyroholika

199

Schon mit 13 hatt ich einen Traum, auf der Bühne mit dem Mic stehn
mit 13, in einem Riesenraum, HipHop-Fans, so weit ich seh
Seitdem war mir klar, glasklar, eines Tages werd ich Rapstar
Ich wusste, das schaff ich, ich schob trotz Schule oft Nachtschicht
Euer Hit war Zufall, unsre massig Hits sind Absicht
Fakt ist, HipHop ist mein Fulltimejob
und ich räum ab wie beim Bowling
gute Platten das Doping
Im Studio halten wir uns alle strikt an „No Smoking“
denn wir tragen lieber Fila als Biedermeier-Mieder von Armani
haben auch keine Kohle für Statussymbole
denn wir sparn nie, wir klotzen, ihr kleckert wie Füller von Lamy
Ene beni Baby, jetzt kommt meine Zeit
weil ich die besten Zeilen schreib
genau wie früher laufe ich für HipHop meilenweit
doch früher kriegte ich Blasen, heute krieg ich geblasen

Schon mit 13 wollt ich Rapstar sein
schon mit 13, schon mit 13
Schon mit 13 wollt ich Rapstar sein
Since the age of 13 I had a dream

Ich wurd geboren und mein Rap war Sex
Liebe auf den ersten Ton für dein Cassettendeck
Ob Story oder Battletext, jeder Track ist fett
da die Muse seit Geburt unter meiner Decke steckt
Nur deswegen kann ich in meinem Leben Nebenbuhler nicht ertragen
schon in Kindertagen schmiss ich meinen Bruder aus dem Kinderwagen
In der vagen Ahnung meines Startums
übt ich Mimik in den Jahren von YPS mit Gimmick
war ein Spiegelposer, klein o spielte Großer
gab sich selber Interviews wenn er auf dem Klo saß, sowas
So war seine Selbstwahrnehmung asynchron zu der Sicht seiner Umgebung
dieses Starsyndrom hab ich nun seit Jahren schon
Bleibt der Ruhm auch Illusion, ist das ganz egal
meine Rettung wartet schon im Regal von Aldi Süd
Mir zum Frühstück 'n Döner, ey Kebab geht ab
ich schlaf lang, das macht schöner
Also, wer braucht 'n Grammy oder 'ne Nase Koks?
Mann, ich war Star als Embryo und rapp noch nach dem Tod!

Schon mit 13 wollt ich Rapstar sein ...

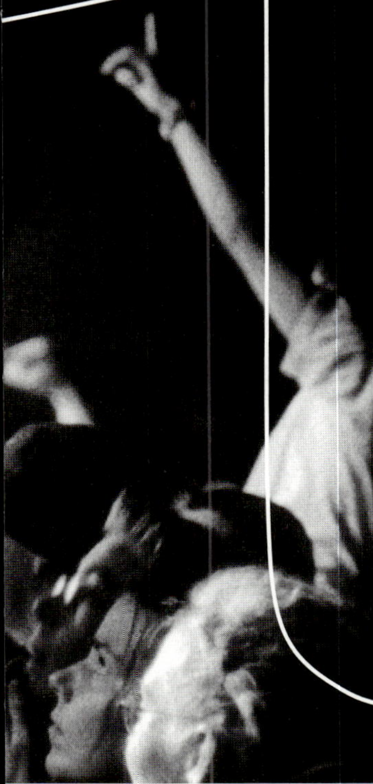

Rapstars haben große Families, immer Beef
kommen an Ladies ran, die du nur aus der Ferne siehst
sind jederzeit breit, doch Baby sei es drum
Auch besoffen bringt ein Rapstar im Bett Höchstleistung
Millionen Frauen lieben mich und wollen abgehn
doch ich bin unterwegs, im Gehen drehen kein Problem
Nee ,ich werde nie fehlen, wenn die Crew 'n neuen Song macht
Auch ohne Blickkontakt weiß ich, dass ich gebongt hab
Unser Eigenlob stimmt, denn wir sind keine Hochstapler
doch dein Eigenlob stinkt, du bist peinlich wie 'n Kater
nach zwei Radlern
Unser starker Shit wär auch für 'n Fuffi ein Schnäppchen
ich krieg nur zwei Mark, davon kauf ich mir Blättchen
Nee, nee Schätzchen, ab jetzt hab ich Zaster und Knete
pflaster mit den Scheinen dann meine Tapete
Mein Buttler dreht 'ne Tüte und bringt sie mir ans Bett
Lyroholika und das. Ja ja die Platte ist ganz nett

Schon mit 13 wollt ich Rapstar sein ...

RückenWIND

Thomas D

Musik: Jens Ziegler, Dietmar Handel **Text:** Thomas Dürr

200

RückenWIND

Thomas D

Siehst du den Horizont?
Direkt überm Boden fängt der Himmel an
und wär ich dort, dann würd ich wetten
dass ich ihn erreichen kann
Doch hier, hat es den Anschein, bin ich dafür zu klein

Also hau ich ab mit Sack und Pack und pack ein paar
meiner Sieben Sachen, die ich hab, und da wird mir klar
es fehlt immer ein Stück, doch ich mach mir nichts draus
setz den Wagen zurück und bin raus

Fahr gerade Überland, es wird gerade mal hell
spüre Freiheit in mir, denk das ging aber schnell
bleibe besser im Hier, denn es gibt kein Zurück
und alles, was ich brauch, ist mein Auto und Glück

Ist die Anlage an, dann geht der Sound ab
und ich rauch die Zigarette, die ich dafür gebaut hab
und schaut ab und zu mal einer dumm, dann nehm ich's ihm nicht
krumm, denn Thomas D haut ab und ich weiß, ich komm rum

Und ihr schaut ab und zu mal besser eure Straße lang
denn irgendwann komm ich an und dann hoff ich ihr wisst
was geht und dass ihr mich versteht und macht was draus
denn eh ihr's euch verseht, bin ich wieder raus

Ich packe meine Sachen und bin raus mein Kind
Thomas D ist auf der Reise und hat Rückenwind
Ich sag es euch auf diese Weise, alle die am Suchen sind
sind mit mir auf der Reise, haben Rückenwind

Und wir fahrn auch über Wasser, wenn dort Brücken sind
hey der Typ hat 'ne Meise, aber Rückenwind
Wir betreten neue Wege, die wir noch nicht hatten
Ich nehm euch mit ein Stück in meinem Windschatten

Und doch genieß ich die Zeit, die ich Daheim vertreib
denn zum Zeitvertreib führt der Weg meiner Freunde zu mir her
Meine Wohnung ist nie leer und es könnten noch viel mehr
Partys abgehn, wovon wir absehn

Wenn auch die Freunde bei mir aus und ein gehn und abdrehn
ist es egal, wieviel Aufsehn wir erregen, weil wir doch
noch mehr bewegen, bewegen wir uns auf anderen Ebenen
und bringen mehr Bewegungen zu anderen noch Lebenden

Und fällt dem Regen ein, er wollt mein Wagen ja noch waschen
hab ich euch in meinem Herzen und Musik in den Taschen
und mit so 'ner Einstellung werd ich alles überleben
sagte ich nicht irgendwann mal, es wird Regen geben

Es gibt nicht nur Sonnenschein, doch ich lass die Sonne rein
Yeah, der Meister ist im Haus und lässt die Sonne raus
denn seh ich die Straßen, die Wolken, gehört die Welt mir
Ich hab nur Unsinn im Sinn und ich hab dich im Visier

Ich packe meine Sachen ...

Und irgendwann komm ich dann in 'nem Wohnmobil an
bin somit ständig am Reisen, immer am Ziel und kann
euch am besten beweisen: alle brauchen Visionen
Ich hab die, ich steh vor euerm Haus und ihr lasst mich drin wohnen

Und wir fahrn gemeinsam ab, weil jeder selbst steuert
dann geb ich euch meine Kraft, weil ihr mich anfeuert
doch wenn ihr beteuert, mich zu verstehn, dann lasst mich gehn
und wir werden uns wiedersehn

Ich lass nur zurück, was keiner braucht
Last, die mich unten hält, obwohl sie selbst nicht taucht
denn ich brauch freie Sicht, ich weiß, ich leb umsichtig
mir ist nicht viel wichtig, nur Eins, folg mir nicht, ich

bitt dich nicht mit mir zu gehen, weiß das Eine:
Reisen ist gesund ich hau ab und zieh Leine
Und ihr seht mich als Punkt am Horizont verschwinden
um ein Stück weiter hinten mich selbst zu finden

Ich packe meine Sachen...

MfG

Die Fantastischen Vier

205

Musik & Text: Michael B. Schmidt, Michael Beck, Thomas Dürr, Andreas Rieke

MfG

206 **Die Fantastischen Vier**

Prolog:
Nun, da sich der Vorhang der Nacht von der Bühne hebt
kann das Spiel beginnen, das uns vom Drama einer Kultur berichtet:

ARD, ZDF, C&A, BRD, DDR und USA
BSE, HIV und DRK, GbR, GmbH – ihr könnt mich mal
THX, VHS und FSK, RAF, LSD und FKK
DVU, AKW und KKK, RHP, usw, LMAA
PLZ, UPS und DPD, BMX, BPM und XTC
EMI, CBS und BMG, ADAC, DLRG ojemine
EKZ, RTL und DFB, ABS, TÜV und BMW
KMH, ICE und Eschede, PVC, FCKW is' nich' okay

MfG mit freundlichen Grüßen
die Welt liegt uns zu Füßen, denn wir stehn drauf
wir gehn drauf für ein Leben voller Schall und Rauch
bevor wir falln, falln wir lieber auf

HNO, EKG und AOK, LBS, WKD und IHK
UKW, NDW und Hubert Kah, BTM, BKA hahaha
LTU, TNT und IRA, NTV, THW und DPA
H&M, BSB und FDH, SOS, 110 – tatütata
SED, FDJ und KDW, FAZ, BWL und FDP
EDV, IBM und www, HSV, VFB oléolé
ABC, DAF und OMD, TM3, A&O und AEG
TUI, UVA und UVB, THC in OCB is' was ich dreh

MfG mit freundlichen Grüßen ...

„MfG“ ist nicht schwer zu spielen. Die Beats sind auf den nächsten Seiten notiert.
Der Vers besteht aus einem viertaktigen Pattern, das pro Strophe achtmal wiederholt wird. Darauf folgt ein zweitaktiger Übergang und der Refrain, der bei der vierten Wiederholung in einen weiteren Übergangsteil mündet. Alle Teile beruhen auf der gleichen Basis. Die Rhythmik ist ternär wie ein Half-Time-Shuffle. Die Piano-Stimme kann je nach zur Verfügung stehender Besetzung auch durch eine Gitarre ersetzt werden, die dann die oktavierenden Grundtöne des unteren Piano-Systems spielt. Auf die String-Stimme kann im Notfall auch ganz verzichtet werden. Die Bläserstimme kann auch von „echten“ Bläser übernommen werden. Es braucht jeweils nur ein einziger Ton gespielt zu werden.

Vorschlag:
Oberstimme mit Trompete (spielt transponierend ein „D“), Mittelstimme mit Alt-Saxophon (spielt transponierend ein „G“) und Unterstimme mit Posaune oder ersatzweise Trompete. Falls die Bläserstimme aus dem Keyboard kommen soll, eignet sich dafür GM-Sound Nr. 62 (Brass 1).

Beats

T & M: Rieke / Schmidt / Dürr / Beck
vereinf. Arr.: F. Neumann

MfG
Die Fantastischen Vier

4.
Bl
Str
Sy
Pi
B
Dr
ff
2
Bl
Str
Sy
Pi
B
Dr
2

HIP HOP in Deutschland

Auf dem langen Weg zur eigenen Sprache

Fehlstart der Showmaster

Irgendwann Anfang der Achtziger landete das Moderatoren-Trio Thomas Gottschalk, Frank Laufenberg und Manfred Sexauer einen Irrläufer. Es war auf den US-Hit **„Rapper's Delight"** gestoßen. Ein perfekter Partysong, gut gelaunt, funky und auch in Deutschland absolut Discotheken-tauglich. Dafür sorgte schon die wohlbekannte Bassline aus „Good Times" von Chic. Ein wenig befremdlich wirkte allein der Gesang, der eher aus Sprechreimen bestand und mit Textzeilen wie **„To the hip hip hop, and you don't stop to rock - to the bang bang boogie, say up jumped the boogie"** aufwartete. Was sollte man davon halten? Die zuständige Plattenfirma behauptete, dass es sich um einen neuen Musiktrend aus Amerika namens Rap handeln würde. Klingt gut, dachten sich die drei (späteren) Showmaster. Sie verfassten in Bierlaune einige Blödelverse und nahmen im Studio eine eingedeutschte Version des Songs auf.
Viel mehr als ein Treppenwitz der Musikgeschichte kam dabei natürlich nicht heraus. Und doch steht dieser erste Schnellschuss aus heimischer Produktion stellvertretend für den schwierigen Transfer einer New Yorker Straßenkultur zum internationalen Popmusik-Genre. Das blühende und facettenreiche Eigenleben, das die HipHop-Kultur mittlerweile auch hierzulande führt, ist das Ergebnis einer langen Entwicklung. Auch Popkultur braucht ganz offensichtlich ihre Zeit um Wurzeln zu schlagen ...

DJ-Kultur der Bronx

Mit einem Schlag rückte 1979 das Original von **„Rapper's Delight"** die brodelnde, aber bis dahin völlig abgeschirmte Musikszene der berüchtigten Bronx ins weltweite Rampenlicht. Bereits seit einigen Jahren veranstalteten dort DeeJays wie **GRANDMASTER FLASH** oder **KOOL DJ HERC** selbstorganisierte Freiluft-Parties. Mit zwei Plattenspielern und einem dazwischengeschalteten Mischpult zerlegten sie hier die Song-Struktur bekannter Funk- und Disco-Singles in bestimmte Rhythmus-Sequenzen und setzten sie wieder neu zusammen. Eine filigrane Soundmontage, die live vor tanzendem Publikum stattfand und die ständi um immer neue Effekte und Tricks erweitert wurde.
Der DeeJay **GRANDWIZARD THEODORE** etwa, stieß beim Mix-Training im heimischen Jugendzimmer auf den Scratch Effekt: Ein Kratz-Geräusch, das dabei entsteht, wenn ein auf dem Plattenteller liegende Schallplatte unter der aufgelegten Nadel hin- und herbewegt wird.

MCs, B-Boys, Writer

All diese Innovationen entwickelten sich in der von Armut Kriminalität und urbaner Verwahrlosung geprägten Ghetto-Situation der Stadtviertel der schwarzen US-Unterschicht. Integrationsfiguren wie **AFRIKA BAMBAATAA** gelang es i jener Zeit, die blutigen New Yorker Bandenkriege in eine popkulturellen Wettstreit zu überführen, der sich über Musik, Tanz und Wortgefechte definierte. Aus der treuen Anhängerschaft der DeeJays wurden B-Boys bzw. Breakdancer, welche die neu-entwickelten Sounds ihrer Helden in roboterhafte oder akrobatische Tanzfiguren umsetzten. Die Rolle der Party-Conferenciers übernahme sogenannte **Masters Of Ceremony (kurz: MCs)**, die Ansage und kleine Geschichten in selbstgeschmiedeten Versen zur Musik vortrugen. Auch die seit Anfang der siebziger Jahre immer weiter um sich greifende Underground-Kultu der Graffiti-Sprayer und Filzschreiber-Maler erlebte übe die enge Verbindung mit der Musikszene ihre kreative Explosion. Hart bekämpft natürlich, von der New Yorker U-Bahn- und Stadtverwaltung ...

RED-DEVIL

Erste Platten

„Rapper's Delight" von der zusammengewürfelten Showtruppe **Sugarhill Gang** beendete diese Ära im Off. Plötzlich merkten auch die wahren Pioniere, die bis dato gar nicht auf die Idee gekommen waren, sich offensiv zu vermarkten, welches (kommerzielle) Potential in ihrer Musik steckte. In den Folgejahren bis etwa 1983, die später einmal als **OLD SCHOOL** in die Pop-Geschichtsschreibung eingehen sollten, versuchten sich kleine und große Plattenfirmen am professionellen Vertrieb der Soundentwürfe aus den Ghettos. Der Filmemacher **CHARLY AHEARN** verewigte die frühe Phase in seiner atmosphärisch dichten Dokumentation **„Wild Style"** und schuf damit DIE Stilbibel für alle nachfolgenden Fan-Generationen.

HipHop schlägt Wellen

Fasziniert von den Beats und Mythen des Metropolen-Dschungels New York griffen sich die europäischen Kids vor allem Breakdancing und Graffiti aus dem Export-Angebot der Old School. An die Musik hat sich dagegen kein ernstzunehmender Nachwuchs-Tüftler gewagt. Zu neu war offenbar der Sound, zu fremd die Technik der schwarzen Popkultur. Erst die zweite große HipHop-Welle, die ab 1986 als sog. **NEW SCHOOL** mit Bands wie **RUN DMC, PUBLIC ENEMY** oder den **BEASTIE BOYS** zu uns hinüberrollte, führte zu ersten Do-It-Yourself-Versuchen mit eigenen Reimen und Songs. Man orientierte sich an den „Skills" und Sounds der US-Vorbilder. Gerappt wurde vornehmlich auf englisch, auf Privatparties oder in Jugendheimen. Eine verschworene Szene entstand, die sich auf sog. Jams traf und nach dem Vorbild der **OLD SCHOOL** die Einigkeit von Rap, Breakdance und Graffiti feierte. Aus diesem Umfeld erschienen mit **ROCK DA MOST** (West-Berlin) oder **LSD** (Euskirchen/Köln) auch erste selbstveröffentlichte Schallplatten.

Learning Deutsch

DIE FANTASTISCHEN VIER dagegen, welche die beschriebene Entwicklung als Fans in der Stuttgarter Peripherie miterlebten, kamen zum Ende der Achtziger auf die unverfrorene Idee, ihre Partyspäße in deutsche Reime zu verpacken. Während sich die amerikanische HipHop-Szene mittlerweile innerhalb der **NEXT SCHOOL** in ein unübersichtliches Gewirr von verschiedenen Substilen ausdifferenziert hatte, setzten die Vier bei ihrer Debut-Maxi **„Hausmeister Thomas D"** (mit dem nicht sonderlich innovativen „Brickhouse"-Sample der Funkband Commodores) auf musikalisch Altbewährtes. Mehr oder weniger verachtet von der eigenbrödlerischen Underground-Szenerie professionalisierten die Vier lieber ihre Bühnenpräsenz. Mit ihrem Mega-Verkaufshit **„Die Da"** wurde HipHop aus Deutschland endgültig zum Medien- und Massen-Phänomen. Die Insider rümpften zwar die Nase, doch dafür entdeckten ungezählte junge Fans die Musik für sich.

Mit **„Fremd im eigenen Land"** erschien etwa zur gleichen Zeit eine Art Alternativ-Entwurf der Heidelberger Crew **ADVANCED CHEMISTRY.** Auf dem **MZEE-Label** unabhängig von den Unterhaltungs-Konzernen veröffentlicht, mit engagiert-politischer Botschaft und einem Sample aus der Erkennungsmelodie von „Spiegel TV" suchte man musikalisch eigene Wege. Es sollte aber noch zwei, drei Jahre dauern, bis aus dem Zweikampf „HipHop-**Underground** gegen Die Fantastischen Vier" eine breite, fast schon selbstverständliche Musikkultur entstand. 1994/95 brachte das Frankfurter Produktionsteam **RÖDELHEIM HARTREIM PROJEKT** überaus erfolgreich ein neues Image ins Spiel: Die politisch-unkorrekten Bösen Buben, die schwere Funksamples verarbeiteten und verbal in alle Richtungen schossen.

HIP HOP

in Deutschland

Auf dem langen Weg

zur eigenen Sprache

213

In „Reime" polterten **MOSES P. und MATHIAS HOFMANN** z.B. gegen die **FANTASTISCHEN VIER:** „Nein, dem Lied von vier Stuttgarter Jungs, sie nennen sich fantastisch. Ich wundere mich, was sich die Jungs dabei denken, sie sind spastisch. Hör mal auf, lass mich. Drastisch sagen wir, wie es ist, mit List werdet ihr abgedisst, angepisst." Nachdem die Rödelheimer ihr Terrain abgesteckt hatten, fuhren sie die Ellenbogen wieder ein und widmeten sich dem Aufbau des eigenen Label-Imperiums 3p, das erst **SABRINA SETLUR** und später den Mannheimer Soulboy **XAVIER NAIDOO** ins Rennen brachte. Die Grenzen zwischen Underground und „Ausverkauf" verwischten in der Folgezeit mehr und mehr. Der Nachhall des Old-School-Puritanismus wurde immer schwächer.

Schillernde Vielfalt

Die nachwachsenden Bands wie **FETTES BROT** oder **TOBI UND DAS BO** setzten ihre Entwürfe mit selbstironischer Verschrobenheit um. Insbesondere die Hamburger Szenerie mit Crews und Rappern wie **ABSOLUTE BEGINNER, DYNAMITE DELUXE, FÜNF STERNE DELUXE, DOPPELKOPF, EINS ZWO** oder **FERRIS MC** hat dabei eine schillernde Vielfalt entwickelt, die den kreativen Wettbewerb mit schnoddrigem Selbstbewusstsein vorantreibt. Auch in Stuttgart entstand rings um die Labels 0711 und der Four Music ein stabiles Netzwerk mit Artists und Crews wie **FREUNDESKREIS, AFROB, MASSIVE TÖNE, BLUMENTOPF** oder den **TURNTABLE ROCKERS**. Unter professionellen Bedingungen werden regionale Talente eingebunden und weiterentwickelt. Dabei ist das einheitliche Erscheinungsbild im Sportswear-Look, das HipHop lange Zeit repräsentierte, weitgehend passé.

Kicks fürs 21. Jh.

Ebenso aufgefächert hat sich das Umfeld. Nachdem HipHop in den letzten Jahren unter der Ägide von DJs wie **HAUSMARKE, THOMILLA** oder **MARIO CULLMANN (alias Coolmann)** verstärkt als Partymusik eingesetzt wird, ist nicht nur die Atmosphäre im Publikum lässiger geworden. Auch der Umgang mit deutscher Sprache erlebt immer neue Varianten. Mittlerweile werden skurrile Geschichten erzählt und das längst nicht mehr in einfachen Stabreimen: „HipHop als Pizza", erkannte Rapper **DENDEMANN** folgerichtig auf der Eins-Zwo-Debut-Maxi im Frühjahr 1998, „wär 'ne Große, doppelt alles Deluxe."

Auf seinem langen Weg aus den New Yorker Vorstädten zu einem universellen Musikstil hat HipHop der deutschen Sprache in der Popmusik den entscheidenden Kick für das 21. Jahrhundert verpasst.

Ralf Niemczyk

HIP HOP

in Deutschland

Auf dem langen Weg

zur eigenen Sprache

215

Beats und Flows in diesem Buch

Die Beats

Die Rapmusik ist, aus musikalischer Sicht gesehen, patternorientiert aufgebaut. Alle **Beats** in diesem Buch sind daher auch als **Pattern** aufgeschrieben. Rap-Stücke arbeiten mit diesen ein- bis viertaktigen Sequenzen (Pattern), die für die Dauer des Verses, des Refrains oder meistens sogar des gesamten Stücks **geloopt**, das heißt fortlaufend wiederholt werden.
Beats setzen sich aus mehreren Instrumentenstimmen zusammen, die nicht immer alle gleichzeitig agieren. Ein **Song-Ablauf** aus Intro, Vers, Refrain oder Bridge kommt daher in der Regel nur durch das gezielte Ein- und Aussetzen von Instrumenten zustande.
Die zu jedem Stück angegebenen Beats enthalten die wichtigsten Instrumente des Stücks. Wann die einzelnen Instrumente ein- oder aussetzen liegt – sofern nicht extra angegeben – im Ermessen der Musiker.
Grundsätzlich lässt sich feststellen, dass die Verse meist sehr sparsam instrumentiert werden (häufig nur mit Bass und Schlagzeug) und erst im Refrain alle Instrumente hinzukommen.
Schlagzeug oder sogar Schlagzeug und Bass, setzen häufig erst nach dem Intro ein.
Wichtiges stilistisches Mittel sind **Breaks**. Sie werden gesetzt, um Textstellen hervorzuheben oder um einen Übergang zwischen Vers und Refrain zu schaffen. Bei einem Break können entweder ein Teil oder auch alle Instrumente für z.B. einen Takt pausieren. Beliebt ist, dass Schlagzeug und Bass aussetzen oder umgekehrt, nur die Rhythmusinstrumente weiterspielen.
Kleine Sound-Effekte wie Samples sind meist nicht extra notiert.

Die Flows

Es sind jeweils **die ersten Takte** des Raps als **Flow** notiert. Darüberhinaus ist der Refrain aufgeschrieben, der oftmals auch gesungene Melodielinien enthält. Als Flow bezeichnet man den **Sprachrhythmus** des Raps. Die notierten Flows sind eine Hilfe, um sich auf den Rhythmus des jeweiligen Stücks einzustellen. Die Worte sollen über den Rhythmus der Musik fließen. Trotz der kunstvollen Bauweise der Reime soll sich ihr Vortrag wie eine Äußerung im Gespräch anhören. Jeder Rapper wird daher seinen eigenen Flow finden. Auch die Originalinterpreten rappen live nicht exakt so wie auf der Plattenaufnahme. Rapmusik ist eine spontane Musik, die viel von Improvisation lebt.
Eine spezielle Form des Rappens stellt der **Freestyle** dar. Er ist eine freie Improvisation von Reimen und Texten und ein wichtiger Abschnitt vieler Rap-Konzerte. Die ersten Raps waren kurze Freestyles, erst später wurden ganze Stücke geschrieben.
Es gibt viele Begriffe, die Kunst eines Rappers zu beschreiben: Message, Rhymes, Flow, Skills, Delivery, Performance, Voice, Style.

Programmieren und Instrumente

Rap-Beats werden in der Regel im Sequenzer (Computer) **programmiert** und mithilfe eines Samplers soundtechnisch bearbeitet. Einige Crews wie Freundeskreis oder Jazzkantine haben Musiker, die Beats live und im Studio **auf akustischen oder elektrischen Instrumenten** einspielen. Alle Beats in diesem Buch sind so beschrieben, dass sie programmiert oder auch mit Instrumenten z.B. von einer Band realisiert werden können.
In den Beats dieses Buches wurden die Instrumente mit Namen wie Bass, E-Gitarre, oder Drumset bezeichnet. Bei typischen Synth-Sounds wurde dagegen auf gängige **Klangbezeichnungen** zurückgegriffen wie z. B. Strings (Streicherklang), Pad (Flächenklang), Sweep (Klangveränderung durch Filtersweep) usw. Da es sich bei den in den Originalproduktionen verwendeten Klängen häufig um individuelle Sounds handelt, die nur dem jeweiligen Produzenten zur Verfügung stehen, wurden für die Begleitarrangements vergleichbare Klänge gewählt, die in den meisten Keyboards verfügbar sind.
Die Midi-Dateien der Beats liegen auf unserer website **www.rockbuch.de** zum downloaden.

Die Instrumentals auf CD

Die mit dem Buch angebotene CD-Compilation enthält auch eine Reihe **Original-Instrumentals** der Stücke, die in Noten aufgeschrieben sind. Es ist also ein Leichtes, darauf mit den im Buch abgedruckten Texten zu **rappen** oder zu **freestylen**. Die CD-Compilation gibt es nur im Bundle mit dem Buch.

Bild legenden

S. 7
Afrika Bambaataa, Eindhoven, 5.12.98
Foto: Mika Väisänen

S. 8
Grandmaster Flash, Eindhoven, 5.12.98
Foto: Mika Väisänen

S. 10/11
Sunset Park, Brooklyn, New York, Jan. 98
Foto: Mika Väisänen

S. 13
DJ Kool Herc, New York, Mai 99
Foto: Mika Väisänen

S. 14
DJ Mirko Machine, Hamburg, 24.6.99
Foto: Mika Väisänen

S. 17, 19
Advanced Chemistry
Foto: Pressefoto 360° Records

S. 20
Turntablerocker, DJ Thomilla und Michi Beck, 2000
Foto: Holger Hill, © Four Music

S. 23
Cora E, 2000
Vektorgrafik: KM7

S. 24/25
MC Samy Deluxe, X-mas Jam, Hamburg, 26.12.98
Foto: Mika Väisänen

S. 26
DJ Dynamite von Dynamite Deluxe, Schenefeld, 5.9.98
Foto: Mika Väisänen

S. 28/29
MC Ono von Walking Large, Juice Party, München, 8.2.99
Foto: Mika Väisänen

S. 30
Max von Freundeskreis
Grafische Umgestaltung: KM7

S. 32
Freundeskreis, 1999
Foto: Mika Väisänen, © Four Music

S. 34/35
FK Allstars, 2000
Foto: Mika Väisänen, © Four Music

S. 36/37
Freundeskreis, E-Werk Köln, 13.8.98
Foto: Mika Väisänen

S. 38/39, 40
Die Fantastischen Vier, Stuttgart, 6.7.00
Foto: Mika Väisänen

S. 42/43
Fettes Brot, 1996
Foto: Christian Roth © The Spoon Photo and Graphic Co.

S. 44
Fettes Brot, Schenefeld, 5.9.98
Foto: Mika Väisänen

S. 47
DJ Rabauke, Schenefeld, 5.9.98
Foto: Mika Väisänen

S. 48/49
Advanced Chemistry, Heidelberg, April 2000
Foto: Mika Väisänen

S. 50/51
MC Afrob, E-Werk Köln, 13.8.98
Foto: Mika Väisänen

S. 52/53
MC Afrob, 2000
Foto: Olaf Heine /upfront, © Four Music
Grafische Umgestaltung: KM7

S. 55
MC Cora E, Zirkuszelt Jam, Hannover, 16.10.99
Foto: Mika Väisänen

S. 57
MC Cora E, Splash 2000, Chemnitz, Juli 2000
Foto: Mika Väisänen

S. 58/59
KC da Rookee
Foto: Mika Väisänen

S. 60
Moses Pelham, 2000
Foto: Pressefoto, © 3p

S. 64/65
Rakim
Foto: Mika Väisänen

S. 66
Da Lesson, Köln, 3.6.98
Foto: Mika Väisänen

S. 67
B-Boy, Jugendzentrum Hemmingen, 8.3.00
Foto: Achim Deterding

S. 69
MC Brixx, Juice Party, München, 8.2.99
Foto: Mika Väisänen

S. 70/71
Massive Töne, Stuttgart, 4.11.99
Foto: Mika Väisänen

S. 72
Massive Töne, 1999
Foto: Mika Väisänen

S. 74
Massive Töne mit Wasi, Sept. 96
Foto: Pressefoto © MZEE

S. 75
Massive Töne, Stuttgart, 4.11.99
Foto: Mika Väisänen

S. 76/77
Jazzkantine, München, 20.3.96
Foto: Matthias Bothor / Photoselection

S. 79
Jazzkantine, München, 20.3.96
Foto: Matthias Bothor, © Rap Nation

S. 80/81
MC Spax, X-mas Jam, Hamburg, 26.12.98
Foto: Mika Väisänen

S. 82/83, 85
MC Curse, Hagen, 16.1.99
Foto: Mika Väisänen

S. 86/87
DJ Busy, Hagen, 16.1.99
Foto: Mika Väisänen

S. 88/89
B-Boys, JuZe Hemmingen, Febr. 2000
Fotos: Achim Deterding

S. 90/91
B-Girl Sarah und B-Boy Mike, JuZe Hemmingen, 8.3.00
Fotos: Achim Deterding

S. 92
B-Boy, Eindhoven, 5.12.98
Foto: Mika Väisänen

S. 94/95
B-Boys, Battle, Celle, 4.7.98
Foto: Mika Väisänen

S. 96/97
B-Boy, Battle, Celle, 4.7.98

S. 97
B-Boys Swift, Speedy, Storm
Foto: Mika Väisänen

S. 99
Das Bo von Fünf Sterne deluxe, X-mas Jam, Hamburg, 26.12.98
Foto: Mika Väisänen

S. 101
Fünf Sterne deluxe, Flash 2000, Hamburg, 17.6.00
Foto: Mika Väisänen, © Yo Mama Recording

S. 102/103
MC Afrob und Dean Dawson von Spezializtz, Splash 1999, Hamburg, Juli 99
Foto: Mika Väisänen

S. 104/105
Doppelkopf, 1999
Foto: Berry Behrendt, © EMI

S. 107
MC Falk von Doppelkopf, X-mas Jam, Hamburg, 26.12.98
Foto: Mika Väisänen

S. 108/109
Thomas D, E-Werk Köln, 13.8.98
Foto: Mika Väisänen
Montage Thomas D
Foto: James Pfaff, © Four Music

S. 110/111, 112
Die Fantastischen Vier, März 1999
Foto: Olaf Heine /upfront, © Columbia

S. 115
Graffiti Ausstellung, New York, 17.1.98
Foto: Mika Väisänen

S. 116
Writer, April 00
Foto: Mika Väisänen

S. 117
Writer, Feb. 99
Foto: Mika Väisänen

S. 118/119
Writer, Feb. 99
Foto: Mika Väisänen

S. 120/121
Graffitis, Hannover Glocksee, Febr. 2000
Fotos: Achim Deterding

S. 122/123, 124
Tags „MC Curse" von Helge „Bomber" Steinmann

S. 126/127
Beginner, April 2000
Foto: Pressefoto © Motor Music

S. 128/129
Stieber Twins
Foto: Pressefoto © MZEE

S. 130/131
Stieber Twins, Schenefeld, 5.9.98
Foto: Mika Väisänen

S. 132/133
Freundeskreis, Feb 1999
Foto: Pressefoto © Four Music

S. 135
Max von Freundeskreis, FK Allstars, 2000
Foto: Mika Väisänen, © Four Music

S. 137
Spezializtz mit DJ Desue, Berlin, 22.5.98
Foto: Mika Väisänen

S. 138/139
KC da Rookee, Berlin, 22.5.98
Foto: Mika Väisänen

S. 140/141 und 142/143
Ruhrpott AG, Hagen, 17.1.99
Fotos: Mika Väisänen

S. 145
Der Klan, Hagen 16.1.99
Foto: Mika Väisänen

S. 146/147
Scope, Tuareg u. Fast Forward, STF, Hagen, 16.1.99
Foto: Mika Väisänen

S. 148/149
Harleckinz, Berlin, 8.11.99
Foto: Mika Väisänen

S. 150/151
Eins Zwo, Schenefeld, 5.9.98
Foto: Mika Väisänen

S. 153, 155
Dynamite Deluxe, Febr. 2000
Foto: Gulliver Theis, © EMI

S. 156/157
Fettes Brot, Schenefeld, 5.9.98
Foto: Mika Väisänen

S. 159
Fettes Brot, März 2000
Foto: Christian Roth, © Intercord

S. 160/161
Beginner, Travemünde, 1.8.99
Foto: Mika Väisänen, © Sempex

S. 166
Ferris MC, Juice Jam, München, 31.10.99
Foto: Mika Väisänen

S. 170
Fünf Sterne deluxe
(mit Ferris vorn abgetaucht),
Weiße Rose, Berlin, 22.5.98
Foto: Mika Väisänen

S. 174/175
Ferris MC und Dendemann, Schulterblatt, Hamburg, 15.11.98
Foto: Mika Väisänen

S. 176/177 und 179
Tefla & Jaleel, Schlachthof, April 2000
Foto: Mika Väisänen

S. 180/181 und 183
Creutzfeld & Jakob, Hagen, 16.1.99
Fotos: Mika Väisänen

S. 185
DJ Tomekk, Live Music Hall, Köln, Aug. 99
Foto: Mika Väisänen

S. 186/187
DJs Mirko Machine und Stylewarz, Splash 2000, Chemnitz, 23.7.00
Foto: Mika Väisänen

S. 188
DJ Coolmann von 5 Sterne Deluxe, Flash 2000, Hamburg, 17.6.00
Turntable von DJ Friction, Flora Köln, 17.9.98
Fotos: Mika Väisänen

S. 189
DJ Mirko Machine Hamburg, 24.6.99
Foto: Mika Väisänen

S. 190/191
DJ Marius No.1, Prinzenbar, Hamburg, 11.2.99
Foto: Mika Väisänen

S. 190
DJ Mad von Beginner, Travemünde, 1.8.99
Fotos: Mika Väisänen

S. 192/193
Deichkind, Hamburg, 9.9.98
Foto: Mika Väisänen

S. 194
MC Nina, Live Music Hall Köln, Aug. 99
Foto: Mika Väisänen

S. 197
Lyroholika
Foto: Pressefoto © MZEE

S. 198/199
Lyroholika, E-Werk Köln, 13.8.98
Foto: Mika Väisänen

S. 200/201
Thomas D, 2000
Foto: James Pfaff, © Four Music

S. 202
Thomas D, 2000
Foto: Pressefoto © Four Music

S. 204/205, 206, 208
Die Fantastischen Vier, Stuttgart, 6.7.2000
Fotos: Mika Väisänen

S. 211
Graffiti Blade, New York, 4.2.98
Foto: Mika Väisänen

S. 213
Freundeskreis, Flora, Köln, 17.9.98
Foto: Mika Väisänen

S. 214
Fettes Brot, 1996
Foto: Christian Roth, © The Spoon Photo and Graphic Co.

S. 215
Blumentopf, 1999
Foto: Pressefoto, © Four Music
B-Boy, JuZe Hemmingen, 8.3.00
Foto: Achim Deterding

Illustrationen auf den Seiten 21, 22, 34, 90, 93, 114, 144, 215
Christian Bitenc

Titelnachweis - Copyrights

A-n-n-a
Musik und Text: Martin Welzer, Philippe Alexander Kayser, Max He
© by Edition Fourplay / Arabella Musikverlag GmbH (BMG U
Musikverlage), München. Alle Rechte für die Welt

Balance
Musik: Thyes Ruete, Falk Utermöhle, Björn Stoffers, Martin H
Text: Falk Utermöhle
© 1998 by Sempex Musikverlag, Hamburg

Bon Voyage
Musik: Phillip Grütering, Sebastian Hackert, Bartosch Jezna
Malte Pittner,
Text: Phillip Grütering, Sebastian Hackert, Bartosch Jeznach
Malte Pittner, N.Tenge
© 2000 by Edition Tromo / Edition Tonofen / Hanseatic
Musikverlag GMBH, Hamburg. Alle Rechte für die Welt

Dein Herz schlägt schneller
Musik und Text: Tobias Schmidt / Das BO
© by Edition Tromo / Freibank Musikverlage, Hamburg

Die da
Musik und Text: Michael Beck, Thomas Dürr, Andreas Rieke,
Michael B. Schmidt
© 1992 by EMI Music Publishing Germany GMBH, Hamburg

Esperanto
Musik und Text: Sophie Guerin, Martin Welzer, Philippe Alexan
Kayser, Max Herre
© 1999 by Unik Edition (Zürich) / Edition Fourplay / Arabel
Musikverlag GmbH (BMG UFA Musikverlage), München.
Alle Rechte für die Welt

Fenster zum Hof
Musik und Text: Martin Stieber, Christian Stieber
© 1997 by Edition from Here To Fame / Arabella Musikverlag Gm
(BMG UFA Musikverlage), München. Alle Rechte für die Welt

Fremd im eigenen Land
Musik und Text: Toni Landomini, Kofi Yakpo, Frederik Hahn
© by Edition MZEE, Köln / Freibank Musikverlage, Hamburg

Höha schnella weita
Musik und Text: Moses Pelham, Martin Haas
© by PolyGram Songs Musikverlag GmbH / 3P Songs Musikver
GmbH

Ja, ja, Deine Mudder
Musik und Text: Tobias Schmidt, Mirko A. Bogojevic, Marc Claus
Mario Cullmann
© by Edition Tromo / Freibank Musikverlage, Hamburg

Jein
Musik und Text: Boris Lauterbach, Martin Schrader, Björn Wa
© 1996 by Freibank Musikverlage, Hamburg

Kopfsteinpflaster
Musik: Gabriel Saygbe
Text: Karsten Stieneke, Pahel Schulinus Brunis, Michael Galla
© by Edition Coaltrain / Hanseatic Musikverlag GmbH

Liebes Lied
Musik: Jan Phillip Eißfeldt, Dennis Lisk, Guido Weiß
Text: Jan Phillip Eißfeldt, Dennis Lisk
© 1998 by Sempex Musikverlag, Hamburg

Lügen... ihr kriegt mich nie
Musik: Sascha Bühren, Achim Walta
© 1998 by Edition From Here To Fame / Arabella Musikverlag GmbH (BMG UFA Musikverlage), München.
Alle Rechte für die Welt
Text: Cora E
© 1998 Manuskript

MfG
Musik und Text: Michael B. Schmidt, Michael Beck, Thomas Dürr, Andreas Rieke
© by EMI Quattro Musikverlag GMBH, Hamburg

Nichtsnutz
Musik und Text: Wasi Ntuanoglu
© 1997 by Edition From Here To Fame / Arabella Musikverlag GmbH (BMG UFA Musikverlage), München.
Alle Rechte für die Welt

Nordisch by Nature
Musik: Mario von Hacht, Boris Lauterbach, Martin Schrader, Björn Warns
Text: Mirco Bogojevic, Jan Eißfeldt, Rene Garzombke, Mario von Hacht, S. Kozalla, G. Kornagel, Boris Lauterbach, Tobias Schmidt, Martin Schrader, Daniel Sommer, Björn Warns, S. Hackert, M. Riedel
©1995 by Freibank Musikverlage, Hamburg

Partner Teil 1
Musik: Peter Sreckovic
Text: Philipp Dammann, Laki Polichronidis
© Copyright Control

Pures Gift
Musik: Jochen Niemann, Kaspar Philip Wiens
Text: Samy Sorge
© 1998 by Sempex Musikverlag, Hamburg

Rapstar
Musik: Christian Eisenach, Martin Jungck
Text: Martin Jungck, Henrik Mühlenbein, Axel Albrecht
© by Edition From Here To Fame / Arabella Musikverlag GmbH (BMG UFA Musikverlage), München. Alle Rechte für die Welt

Respekt
Musik: Christian Eitner, Ole Sander
Text: Michael B. Schmidt
© by EMI Quattro Musikverlag GMBH, Hamburg / Edition 100 % HIP HOP der EMI Music Publishing Germany GMBH. All rights worldwide by EMI Quattro Musikverlag GMBH, Hamburg

Rhythmus Mafiosis
Musik: Robert Schuster
Text: Sören Metzger, Tino Kunstmann
© by Phlatline Records GmbH, Chemnitz

Rückenwind
Musik: Jens Ziegler, Dietmar Handel
Text: Thomas Dürr
© 1997 by EMI Quattro Musikverlag, Hamburg / Edition Fourplay / Arabella Musikverlag GmbH (BMG UFA Musikverlage), München
Alle Rechte für die Welt,

Tag am Meer
Musik und Text: Michael Beck, Thomas Dürr, Andreas Rieke, Michael B. Schmidt
© 1993 by Edition Die 4. Dimension der EMI Music Publishing Germany GMBH, Hamburg

Tanz mit mir
Musik: Tobias Schmidt
© by Rückbank Musikverlag, Edition Tromo, Hamburg
Text: Sascha Reimann
© by Scoop Music Entertainment GmbH, Bremen

Wahre Liebe
Musik: Iman Shahidi
Text: Michael Kurth
© 2000 by Premium Blend Music Productions / Arabella Musikverlag GmbH (BMG UFA Musikverlage), München.
Alle Rechte für die Welt

Wie jetzt
Musik und Text: Samy Sorge, Kaspar Philip Wiens, Jochen Niemann
© 2000 by Sempex Musikverlag, Hamburg

Zehn Rap Gesetze
Musik: Mattias Voss
Text: Michael Kurth
© 2000 by Premium Blend Music Productions / Arabella Musikverlag GmbH (BMG UFA Musikverlage), München.
Alle Rechte für die Welt

INDEX

INHALTS-Verzeichnis

aller **Songs und Texte**

* **mit Beats und Flows**

Unser besonderer Dank gilt den folgenden Personen:

Klaus Mai KM7, Friedrich Neumann - Studio, Chris Meuer - Goethe-Institut, Beate Widlok - Goethe-Institut, Astrid Milewski - Fett MTV, Mika Väisänen, Achim Deterding, Bomber, Christian Bitenc, Smudo, Ralf Niemczyk, Norman Seeger, Alexander Buhmann, Lion Hess, Thilo Päch - Tapp Music Productions, Marga Glanz - Yo Mama, Günne Fege - Roter Blitz, Geli Kunz - Bear Entertainment, Claas Gottesleben - Hongkong Records, Ale Dumbsky - Buback, Klaus Maeck - Freibank, Christoph Meyer-Janson

Besuchen Sie uns im Internet
www.rockbuch.de

Feierabendgrund 15, D-36381 Schlüchtern
Band 3 der Reihe Liederbuch der Rock- und Songpoesie

Coverfoto: Mika Väisänen

Druck: J.P. Himmer, Augsburg
Bindung: G. Lachenmaier, Reutlingen

ISBN 3-927638-03-X

Im Bundle mit CD-Compilation
ISBN 3-927638-20-X